浅草はなぜ日本一の繁華街なのか

聞き手
住吉史彦

晶文社

【装丁・レイアウト】岩瀬　聡
【撮影】山口規子
【構成】藤井恵子

浅草はなぜ日本一の繁華街なのか

目次

まえがき

この本を出したいと思った平成二十七年（二〇一五）の夏は、戦後七十年目の夏でした。窓の外は記録的な猛暑。テレビでは、広島長崎の原爆や「終戦の日」の特集を放送していました。

これらの番組を見ながら、浅草も昭和二十年（一九四五）三月十日の東京大空襲で壊滅的な被害を受けたことを思い出していました。このとき、町が焼け野原になっただけではなく、大変残念なことに浅草寺の本堂が焼け落ちました。浅草神社（三社さま）の本堂は奇跡的に助かりましたが、神輿庫が焼けたため、戦前までの神輿はすべて失われました。現在の浅草寺本堂と三社祭の神輿は、戦後の再建です。本堂が再建されたのは昭和三十三年（一九五八）ですから、十三年間も仮本堂しかなかったのです。

浅草は、それ以前にも焼け野原になったことがありました。大正十二年（一九二三）の関東大震災のときです。このとき、当時の東京スカイツリーともいうべき展望台「凌雲閣《りょううんかく》」（通称「十二階」）が半倒壊し、その後、危険だということで壊されてしまいました。

二度の焼け野原を経験して、お寺や町を再建した後も、浅草はすんなり繁栄に復帰したわけではありません。時流に合わないといわれて、一九六〇年代に町が寂れかかったことがありました。この時代のことは、私も子ども心に記憶しています。個別の業界にもいろいろご苦労があったと聞いています。和装業や花街、いわゆる「和物」の業界は深刻な市場の縮小に直面しました。職人さんのなり手不足、原材料の高騰に苦しんだ業界もありました。

それなのに、いまも浅草が賑わっているのは、なぜでしょうか。

老舗店の暖簾がいまも継承されているのは、なぜでしょうか。

店を、そして浅草の町を再建したひとたち、老舗の暖簾を上手に守ったひとたちがいてくれたからに違いなく、そのかたたちの見てきたこと、そしてやってきたこと、現在の浅草に対する思いなどを、戦後七十年目の節目に、是非ともじっくりお聞きしたいと思いました。

日本は、世界一の災害大国であると同時に世界一の老舗大国です。二百年以上事業を継続している老舗企業が日本には三千社以上あり、約八百社という二位のドイツを大きく引き離しています。地震・津波・噴火・台風そして戦争と、なんでもござれの日本が同時に老舗大国でもあるというパラドクスが、どうして出現しているのでしょうか。

私はとても考えさせられます。そういう意味でも、昭和の浅草をくぐり抜けて来たひとたちのことを本に記すことは、浅草以外のかたがたにとっても有益と信じます。

ちょうどその年に、私は母を失い、この本を急ぐことに決めました。

この本の意図はいたって真面目なのですが、堅苦しいノリを私は好きではありません。そこで、先輩がたとの対談場所は浅草のバーにしました。あまり知られていないようですが、浅草には旦那衆がゆっくり飲める、おとなのオーセンティック・バーが何軒もあります。これからお読みいただくとわかるのですが、対談相手の先輩がたは厳しい時代を乗り越えて来ているのに、真面目一方ではなく、結構、個性的。洒落っ気たっぷりです。場所をバーにしたのは、我ながらヒットと思っています。

そのようなわけで、この本は「バー案内」としてもご活用いただければと思います。いやいや、「バー案内」を買ったつもりなのに、やけにいい話が載ってたなあ！　バー案内なのに「商人論」「生き方論」が載ってたよ！　そんな感じでお読みいただければ嬉しいです。とざい東西。

「ちんや」六代目　住吉史彦

第一話

世界に唯一の「江戸趣味小玩具」の店

一番大事なのは、自分の商売が好きであること。それに尽きますね

◉江戸趣味小玩具「助六」五代目

木村吉隆さん

（きむら・よしたか）

1937年浅草生まれ。会社勤務を経て、1979年「助六」を継ぐ。江戸の文化や風俗に関して造詣が深く、その軽妙洒脱な話しぶりで講演依頼やテレビ出演も多い。縁起のよいものしか並んでいない「助六」で、店主目当てに店を訪れるお客も多数。著書に『江戸の縁起物―浅草仲見世助六物語』『江戸暦　江戸暮らし』

店舗情報

江戸趣味小玩具「助六」

すけろく

1866年（慶応2）創業。

「とんだりはねたり」や犬張り子など、江戸からのおもちゃや縁起物など約3000点が並ぶ店内は、まるで江戸のおもちゃ箱。精巧な細工を施した豆玩具には、江戸の粋と心意気が光る。何度でも行きたくなる店。

今宵のバー　Barley　バーリィ浅草

国際通りから「浅草ビューホテル」の脇の路地を少し入ったところにある一軒家のバー。1階と2階にはそれぞれバーカウンターがあり、おとながゆっくり寛げる空間が広がっている。ウイスキーの豊富な品揃えは、先代マスターである佐野さんの時代から大変有名だが、季節ごとにメニューを替えるオリジナルの「今月のカクテル」もまた人気。お通しの塩豆をつまみつつメニューを眺めると、「ハンガリーの国宝」といわれるマンガリッツァ豚のソーセージ、京都丹後の鰯のオイル漬けなど、ここでしか食べることのできない美味が並んでいる。当代マスターの木村誠さんが店を引き継いでからしばらく経つが、昔からの馴染み客が通い続ける居心地の良さが魅力の店。女性客には特別のサービスもあるので、ぜひお立ち寄りを。

観音さまの表参道「仲見世」で商う

――「助六」さんがある仲見世は、いつもすごい人出で賑わっています。浅草の繁華街の中心でずっとご商売をされているというのは、どんな感じですか？

木村　浅草寺のことを、浅草のひとは「観音さま」と呼ぶので、私もそう呼ばせていただきますが、観音さまが参拝客で賑わっていたのは江戸の初めからです。二代将軍徳川秀忠の時代に、儒学者の林羅山《はやしらざん》が書いた『丙辰紀行《へいしんきこう》』という本には、「浅草寺の人出、平日数万。雨天の日五千を下らず。京の清水より多し」とあるそうです。

ご存知のように、いまから約千四百年ほど前、檜前浜成《ひのくまのはまなり》と竹成《たけなり》という兄弟が隅田川で漁をしているときに、投網のなかに見つけたのが八センチほどの聖観世音菩薩《しょうかんぜおんぼさつ》の像です。このご示現された観音さまを土師中知《はじのなかとも》がありがたく祀ったのが浅草寺であり、この三人を祀ったのが三社さま（浅草神社）です。

私はいつも思うんですが、川で漁をしていた兄弟が偶然見つけた仏さまが、ご本尊になるお寺なんて本当に珍しい。ですから、観音さまはどんなひとにも近しく親しい仏さまとして、大勢のかたがたがお参りに来られるようになったんでしょうね。それが浅草の一番いいところであり、庶民的な町だといわれる由縁だと思うんです。子どもの頃から「観音さまあっての浅草」

と教わっていますので、浅草のひとはみんな、観音さまの前を通るときは雷門のあたりから仲見世越しにお辞儀をしています。それが自然と身についているんですね。仲見世でも観音さまに一番近い宝蔵門のそばで小商人《こあきんど》をさせていただいているのは、ありがたいことだと思っています。

――仲見世は、日本で最も古い商店街のひとつといわれています。

木村 江戸の人口が増えていき、観音さまの参拝客も多くなっていった貞享の頃（一六八四〜八八）、それまで観音さまの境内の掃除の賦役を課せられていた近隣のひとたちに、境内や参道に床店《とこみせ》を出して商売をする特権が与えられました。これが仲見世の始まりといわれています。そこには水茶屋などが並び、それぞれの店にはお茶を運ぶ美しい看板娘がいたので、仲見世は華やかな風情のある通りとして賑わいました。

その後、天保の改革で幕府公認の江戸三座（当時は中村座、市村座、河原崎座）が聖天さま（浅草寺支院・待乳山聖天）の近くに移転させられると、新しい芝居町「猿若町」ができて、浅草はますます多くのひとが訪れるようになります。なにしろ、当時の江戸市中で「江戸三千両」といわれ、一日に千両の売り上げを誇っていたのが、日本橋の魚河岸、そして浅草の猿若三座と新吉原だったんですから、観音さまの参拝客も大いに増えて、江戸随一の盛り場になっていったわけです。

明治になってからは、新政府によって浅草寺境内は日本最初の公園に指定されて、「浅草公園」となりました。明治十八年（一八八五）には、仲見世に洋風の煉瓦建築の商店街が完成して、営業を開始します。これで銀座通りに継ぐ第二番目の近代的な店が並ぶ商店街となったわけで、新しもん好きの浅草のひとたちは鼻が高かったんじゃないでしょうか（笑）。

洋風になった仲見世の建物は東京府の管轄になり、当時の契約書には昔ながらの掃除誓約が書かれていたということです。雷門は慶応元年（一八六五）に田原町からの出火で焼けてしまいましたが、その焼け跡から仁王門（現宝蔵門）までの道には切石が敷かれて、両側に百四十七店舗が並んでいました。商売の主なものは、雷おこし、はじき豆、紅梅焼に人形焼、小間物、玩具、仏像などで、いまの仲見世とあまり変わってはいなかったようですね。

ちなみに、いま観光客のかたたちが記念写真を撮っている雷門は、松下電器（現パナソニック）の社長だった松下幸之助さんの寄進によって、昭和三十五年（一九六〇）に九十五年ぶりに再建されたものです。

――そのときに奉納された大提灯は、いまでも十年に一度、パナソニックのかたたちのご厚意で張り替え作業が行われています。新調された大提灯を吊すときは、仲見世でお練りがあったりして、たいそう賑わいます。いまでも、大提灯には「松下電器」という旧社名が記されていますが、ご縁が続いているのはありがたいことですね。

町人の心意気が光る「江戸趣味小玩具」

木村　浅草寺の表参道、仲見世で売られてきたおもちゃは、観音さまの年中行事や祭礼、縁日などに結びついた縁起物が多いですね。信仰深いひとたちが、お参りをしたあと、そんなおもちゃをお土産に買って家に持ち帰り、神棚に飾って家のお守りにしたり、子どもに与えてあそばせたんです。ですから、親が子どもに「観音さまへ行こう」といえば、「あっ、おもちゃを買ってもらえる」と喜んでお参りに付いてくる。そんなところがあったと思いますね。

私どもが仲見世で商いを始めたのは、いまから百五十年前、初代の八十八《やそはち》が最初は、絵草紙などを売っていて、だんだんに小玩具を商うようになったようです。江戸からの手あそび玩具「とんだりはねたり」や「ずぼんぼ」などを並べるところから始めて、次第に江戸趣味の小玩具になっていったんだと思います。

江戸趣味小玩具が作られるようになったのは、享保時代（一七一六〜三六）に八代将軍徳川吉宗が幕政改革を行って、贅沢禁止令を出したのがきっかけです。武士と町人の財布の中味が逆転して、裕福になった町民層が、大きくて豪華なお雛さまや五月の節句飾りなどを飾って楽しむようになったのを、幕府はご法度としたんですね。その結果、できるだけ小さくて精巧な細工を施したり、お上に対する風刺や洒落を利かせた豆玩具が作られるようになりました。

昔は仲見世にも江戸趣味小玩具を売る店として「武蔵屋」「伊勢勘」などがあって、「助六」が一番の新参者であったと聞いています。それが、いまではうち一軒だけになってしまったのは、あまり儲かりませんし、なにしろ商品の種類が多いのと小さいのとで管理が大変だからではないかと思いますね。

店には、日本全国、世界各国からいろんなお客さまが来られるので、なかなか面白いんです。「修学旅行で来たときは高くて買えなかったけど」といって、おとなになってから来てくださるかたや、年に一度お仕事で東京へ出てくると、帰りに毎年寄ってうちの干支のおもちゃを集めてくださるかたなど、お馴染みのお客さまがいるのは嬉しいことです。外国のかたから「閻《えん》魔《ま》さまはないか」と聞かれて、困ったこともあります（笑）。うちに来てくださるお客さまは、多かれ少なかれみなさんコレクターです。「こんな土鈴が欲しい」とおもちゃのヒントをいただくこともあって、お客さまと直接話せるのも小商人の楽しさですね。

それでも、お客さまからは「非常に入りにくい店だ」といわれます（笑）。自分ではそう思っていないのですけど、私自身よその店に入ったときに「いらっしゃいませ」と賑やかに迎えられるのが苦手な質《たち》なんで、うちは基本的には「いらっしゃいませ」といわないんです。このあいだも、長崎のかたがいらして「六回目でやっと入れました」っていうんで、その理由を聞いたら「なんとなく入りにくい」って（笑）。「ほっといてくれるのがいい」っていうかたや、「愛敬のない店だ」というかたもいらっしゃるし、それはそれでよろしいかと思ってやっています。

戦後の「仲見世」

――昭和二十年（一九四五）三月十日の東京大空襲では浅草寺の本堂、五重塔、仁王門とともに仲見世も焼失してしまいましたが、戦争当時のご記憶はありますか？

木村　東京大空襲のとき、私は小学校一年生でしたが、よく覚えています。うちは疎開するにも田舎がなかったので、蔵前、弁天山、花川戸と浅草のなかを転々としていたのですけど、花川戸の家も強制疎開を受けて取り壊されてしまいました。

三月十日の未明、夜空にB29が大きく見えたと思ったら、焼夷弾が雨のように降って来ました。炎のなかを逃げた私と姉、伯母は、爆風で吸い込まれるように東武ビル（現松屋デパート）のなかに入って、ビルの地下に避難して一晩を過ごしました。両親と兄とははぐれてしまったんですが、明くる日、弁天山（浅草寺弁天堂）のところに「生きててよかった」と、家族みんな無事で集まって来たんです。

浅草の町は、一夜にしてあたり一面焼け野原でした。そりゃあ、驚きましたよ。ひどい火傷をしたひとが、五、六歩あるいては倒れたり、兵隊さんがシャベルで焼死体を積み上げているのを見ました。仲見世の通りも全部焼けてしまい、外壁だけしか残っていませんでした。両親と兄、姉、そして私の一家五人が焼け野原で茫然としていたところ、店の番頭さんだったひとが、信州から心配してやってきてくれたんです。そのひとを頼って、一家で信州に疎開しました。

八月十五日の終戦を迎えると、浅草生まれの浅草育ちの母は、とにかく浅草に帰りたがりました。私と兄は、魚を捕ったり昆虫採集をしたりして、すっかり田舎の自然の暮らしが気に入ってたんですけどね（笑）。関東大震災後に建てられた仲見世は、近代的な鉄筋コンクリート造りでしたから、外側は焼け残っていたんです。父は出入りの大工さんに頼んで、二、三畳しかない店の二階を造作してもらい、家族五人が暮らせるようにしました。うちは「一間店《いっけん》」で仲見世のなかでも一番狭いんですが、そこにみんなで寝ていたというのは、いま思うとすごいことですよね。キャンプ生活みたいなもので、兄が店の裏の通りで飯盒でごはんを炊いていたのを覚えています。でも、当時は、仲見世のほとんどのひとが店の上に住んでいましたよ。

浅草のひとたちは、燃え落ちた観音さまをなんとか復興しようとみんなで団結して、早くも十一月には、観音堂の焼け跡に仮本堂（現淡島堂）が建てられたんです。その勢いに乗って、翌月には、仲見世も営業を再開しました。

終戦直後の浅草は闇市みたいで、ものがない時代ですから置いとけばなんでも飛ぶように売れたんです。仲見世のまわりの店でも、長靴や七輪、炭団《たどん》などを売っていましたが、父が店に置いたのは相変わらず江戸小玩具です。よそはみんなえらく景気がいいのに、うちだけ閑古鳥。兄と私は子どもながらに「親父はどうしたんだろう」と思っていましたが、母は黙って見ていましたね。あとで聞くと、七年間まったく売れなかったそうです。

父は日本橋生まれで、裁判官の息子です。慶應を出てから三井物産に勤めていたんですが、縁があって婿養子になりました。家付き娘の母は、自分中心に地球がまわっていると思っているようなひとで、「口先だけではらわたなし」の典型です。自分の父親がかなりの道楽者だったので、花柳界が大嫌い。自分の亭主には父親のようになってほしくなかったようですし、父も、私たち子どもが生まれてからは酒も煙草もやめたという真面目一方で、意志の強い明治の人間です。

そんな父は、頑固というより不器用で融通が利かなかったんでしょうね。でも、いま考えると、あのとき父がほかの商売ができなかったので、職人が小玩具の仕事を続けて「助六」についてきてくれた。ありがたいことだと思います。

「職人は貯金通帳と思え」

――木村さんは、お店を継がれる前に会社員として働かれていたとお聞きしています。

木村　父も母も、私たち子どもに「店を継げ」とは一回もいったことはありません。兄は学校の教員になっていましたし、私も十八年間サラリーマン生活をしていました。嘘だと思われるかも知れませんが、浅草の学校時代は、引っ込み思案だったんです（笑）。母が先生にお願いしてやっと学芸会に出してもらったけれど、うまくできなかったんですから。会社に入っても、うまくしゃべることができませんでした。それが、社員教育でデール・カーネギーのメンタルトレーニング法とかを受けて、「自分の心を開かなければ、相手は絶対に心を開かない」なんて教わったり、壁に向かって一分間しゃべるなんてことをやらされました。

とにかく、外で働いた経験というのはすごくよかったと思いますね。だって、浅草のひとって、ひとの意見聞かないひとが多いでしょ。でも私は外に出て、嫌な上司の下で働いたという経験が生きていますから、ひとの話はよく聞くんです（笑）。

昭和五十四年（一九七九）、四十二歳のときに会社を辞めて店に入りました。それまで家事と子育てをしながら店を手伝ってくれていたかみさんが病気になったことと、当時父は八十五歳になっていて、三時開店の五時閉店なんて日もあったので、「じゃあ、俺がやるよ」と。小さい頃から見ているので、おもちゃの世界が好きだったことも大きいですね。

そのとき、父からは、「大きくする必要はないから、まずは続けろ」、「お客さまがもう一回来たくなる店にしろ」、そして「職人を使えるような人間になれ」といわれました。母も「職人は貯金通帳と思え」とよくいっていましたね。いくらお客さまに来ていただいても、職人がいなければ、こんな店は成り立たないということです。

職人たちは長男の兄がいずれ店を継ぐと思っていたので、私がやるとなったときに「なんにもわからないおまえが」という感じでしたね。せめて同じ土俵に立って話したい。それには作りかたがわからないといけないと思って、作家のところへ一通り習いに行きました。そのとき、印象に残っているのは、「最後の御所人形作家」といわれた野口光彦さん。何度も人間国宝に推薦されたけれど「そんなものはいらない」と辞退された職人気質のひとですけれど、「どぶ板三枚だけにはなるな」っていわれました。重ったるくて下品なものを売るなってことですね。

昔は余裕があったので、職人が好きに作って持って来るものを全部買い取っていたんです。代々「助六」の仕事をしてくれる職人たちもいて、葬式の面倒まで見てきました。でも、昨年、父の代の最後の職人が亡くなってしまったので、いまはもうこちらがオーダーしたものを作ってもらっています。前近代的な経営が、やっと普通になりました（笑）。

それでも、いま、六区の「木馬亭」に浪曲を聴きに来る若いひとがいると同じように、大きな玩具ではなくて手間の掛かる江戸小玩具が作りたいといって、自分でこさえたものを店に持って来るひとがいるんです。最初はそれこそ「どぶ板三枚」なんですが、私が「ああしろ、こうしろ」といっているうちに、だんだん洒脱なものができてくる。ただ昔のようにうちで職人を育てることができないので、「一人前になるまでは本業も続けろよ」といっています。知床のスーパーの店員だったり、博多で「老老介護」しながら作っているんだけど、最初はみんな「助六」のおもちゃが好きということから興味をもってやり出して、せっかくなら「助六」で売ってもらいたいといって来るんですね。そういう職人希望者がいてくれると、いまどきの若いひとも捨てたもんじゃないと嬉しくなりますよ。

職人には、「助六」らしいものができるまではいろいろいいますが、できてしまうと一切いいません。「助六」の商品の特徴は小さいながら精巧にできていて、ここ浅草の仲見世にしかないおもちゃです。大袈裟にいえば、世界にひとつしかない。だから、職人たちには「君しかできない仕事だよ」といっておだてています(笑)。

——僕もいままで、店のなかに「社員募集」の貼り紙を出すのが嫌だったんですが、うちにも親子代々で来てくださるお客さまがいるので、うちのファンが従業員になってくれるのがいいかなと宗旨変えしまして、貼ることにしました。

木村 それは絶対ですよ。「ちんや」が好きなのが、一番いい。一生懸命働いてくれるもの。

小商人が生き残る道

木村 こういう昔から続く商売をやっていると、「後継ぎがいない」とか「作る人間がいない」とよく耳にしますけれど、それは逃げだと思いますね。努力が足りないんです。和の文化は細くなるかもしれないけれど、必ず残ると思う。だから、いかに生き残るかが、我々の一番の課題でしょうね。

たとえば、うちでは小さな羽子板を売っているんですが、昔は十二月の観音さまの羽子板市の三日間で、三百本は売れたんです。ことに花柳界のお客さまはお座敷が終わってから出ていらっしゃるので、夜中の十二時過ぎに百本くらい売れることもありました。それが、いまでは多くて五本くらいしか売れません。というのは、昔はうちだけしか売っていなかった小さな羽子板を、羽子板市の出店で軒並み売っているんです。

押し絵羽子板というのは、厚紙の台紙に布を貼ったり、綿をくるんで丸みをもたせた布を組み合わせて立体的な絵柄に作る押し絵の技法を使っています。羽子板市ではほとんどの店が売っているのは、各部分を釘で打ったものです。うちのは、江戸時代からの技術と技法をもった職人が釘を使わずに作っています。それは、湿気の多い日本で釘のサビが浮き出ないようにと考えられたものなんですね。それでも、うちで扱っている趣味のものは、生活になくてはならない必需品ではありません。興味のないかたから見れば、クズ同然なんです。そのあたりをどう考えて、商いを続けていくかですね。

浅草には毎月のように年中行事があるので、それを訪ねてお客さまがいらっしゃいます。うちでも、その行事に合わせて、お雛さまは春に、羽子板は冬にというように季節感のあるものを四季折々に売っていました。でも江戸趣味小玩具の店がうち一軒だけになってからは、観光でお見えになるかたにいつでもお買い求めいただけるよう、一年中羽子板も鯉のぼりも並べることにしたんです。

うちのおもちゃには、それぞれ縁起物としての謂われがあり、江戸らしいことばあそびが込められています。たとえば、でんでん太鼓を背負った犬張り子のおもちゃ。犬張り子は、犬はお産が軽くて生まれた子が丈夫に育つことから、江戸時代から出産見舞いやお宮参りの贈りものとされてきました。鬱金《うこん》で染めた黄色い麻紐で結わいたでんでん太鼓は、パチパチパチパチと裏表のない素直な子に育つようにという願いが込められていますし、麻のように丈夫に育って食べものにもお宝にも不自由しないってことが込められているんです。ひとつの玩具にこんなに謂われがあるので、品物をお渡しするときに説明したりもしています。そうすると興味を持たれるようになって、「一月は破魔弓《はまゆみ》を飾ろう」とか、「二月は節分のお福と鬼を飾ろう」とか、昔からの日本文化を継承していきたいと思われるお客さまも出てくるんですね。我々小商人としては、お客さまを見つけなくてはいけないし、お客さまが求めるものを置いておかなければいけないと思いますね。

——うちの店に取材に来られるかたから「客層は何歳がメインですか」とか、「ターゲットにしているのは、どういうひとですか」と、よく聞かれることがあるんです。そういうときは「客層は、手前どものすき焼きが好きなひとです」って答えることにしています。ご自分やご家族の誕生日に「ちんや」のすき焼きを食べたくなるかたがメインの客層であって、年齢には関係ないんですよね。

木村　うちもそうですね。「うちの店がすきなひと」。それしかないですよ。

——手前味噌ですが、「すき焼きは、心の必需品」っていってるんです（笑）。

「一生懸命！　真っ直ぐ！　真面目に！」

――店を継ぐときに、お父さまからいわれた三箇条のうちのひとつ、「お客さまがもう一回来たくなる店にしろ」というのは、大変難しいことだと思うんですけど、具体的にどんなことをされて来ましたか？

木村　うちは「愛敬のない店」っていわれていますが、父も母も実にユニークな接客態度だったんです。母はおもちゃが本当に好きで、売りかたも実に面白い。「これ、お買いなさい。そうじゃないとバチがあたるよ」なんてお客さまに平気でいうんですけど、怒られない。鳩笛を売るときは「あなたが吹けば初音です」なんてね。八十五歳くらいまで、そうやって店に出ていましたよ。いっぽう父は、ステッキでおもちゃを指して「これくれ」なんていう行儀の悪いお客には売らないんです（笑）。「ここからここまでくれ」なんていうお客には、「趣味のものですから、そういっぺんに買うもんじゃありません」なんていっていました。そういう母にも父にもファンが多くて、私が店番をしていると「なんだ、今日は倅か」って帰られるかたも多かったですね。

もう一回来たい店にするには、「助六」オリジナルのものを開発していかなければいけないと思っています。父や母の代までは、先祖が作ってきたおもちゃを基本的に継承していけばうまくいっていたんです。しかし時代の流れを見つつ、売れるおもちゃを作りたいと思うのも小商人なんですね。たとえば、小野道風《おののとうふう》が、何度も柳に飛びつこうとしているカエルを見て「そんなこと、できるわけがない」と思っていると、偶然にも強い風が吹いて柳がしなり、カエルは見事、飛び移ることができたという逸話があります。私は「継続は力なり。練習は不可能を可能にする」という言葉が好きなので、この逸話からヒントを得て、小野道風の姿をしたカエルが、蛇の目傘と筆を持っている愛敬のあるおもちゃを作りました。なかなか好評なんですけどね（笑）。

そうやって、私が店を継いで新しいおもちゃをいろいろ考えていたときに、お客さまから「助六のおもちゃはくだらなくなった」といわれたり、苦情の手紙が何通か来たんです。それほど「助六」を愛してくれるお客さまがいるのはありがたいことだと思いましたし、年取った両親につまらない心配をさせてもいけないので、一時は新しいおもちゃを作るのをやめましたよ。

それでも、また始めたのは、古いおもちゃを継承しながらも新しいものを作っていかないと、いまいる職人たちを抱えてやってはいけないからです。私は、おもちゃは作れませんけれど、アイデアだけはあるんです（笑）。

錦絵などからヒントをもらうことも多いですね。私は動物好きなので、江戸の錦絵に出てくる動物のおもちゃをいろいろ作ってみたいと思っていて、なかでも興味深いのがラクダ。文政四年（一八二一）にオランダ船に乗せられて長崎へ渡ってきたラクダを、大阪や江戸で見世物としたところ、話題騒然となったっていうんです。浅草奥山あたりでもラクダの興行をやっていたみたいで、当時のひとたちは舶来動物の珍しいものを見ると、疱瘡や麻疹除けになるとか、目にいいとかいわれていたようなんですね。そうすると、「目に楽だ」なんていって、これは縁起物のおもちゃになるなとひらめくわけです（笑）。こう見えても、美術展に行ったり、浮世絵研究の先生の本を読んだりして、いろいろ勉強しているんです。それでも、店を継いだ息子からは「親父、いいかげんにしてくれよ」といわれているんですが（笑）。

先代のお陰で続けてこられた「助六」を、次に繋ぐのが、私の使命だと思ってやってきました。「一生懸命！　真っ直ぐ！　真面目に！」が、私がここまでやってきた姿勢ですね。

父からは、「どうせやるなら、おまえが楽しんでやれ」といわれたのを思い出します。結局、父も私も自分が楽しくて店をやってきて、それが商売になるんですから、本当にしあわせなことだと思います。改めて考えてみると、店を続けていくうえで一番大事なのは、自分の商売が好きであること。それに尽きますね。

もう一度、浅草に行きたくなるような店づくり

――浅草に生まれて育ち、商売を続けてこられた木村さんは、現在の浅草の町をどう思われますか？

木村　私たちの時代は、六区の興行界が全盛の頃で、「大勝館《たいしょうかん》」でターザン映画が封切りとな

ると、お客が映画館を三まわりくらい取り囲むように行列していました。そこから、仲見世にも大勢のひとが迂回してくれたので、それぞれの店が夜遅くまで開いていたんですね。私も会社から帰ったあと、ずいぶん店を手伝っていましたから。そういう時代の浅草を知っていると、いま、六区には映画館が一軒もなくなってしまって、町全体が寂しくなったようにも感じます。

浅草にはＪＲが通っていない、大手チェーンのスーパーやデパートがないのは、不思議だと思いませんか。昭和の初めに省線（現ＪＲ）が通る計画が持ち上がったときに、地元の反対があったと聞いています。当時、浅草には観音さまがあり、日本一の興行街六区と近くに吉原がある。省線なんて通さなくても、黙っていてもひとが集まってくるんだという驕りのようなものがあったのではないかと思います。

あとはやはり、浅草のひとっていうのは、自分のことをいうようですけど、他人の主張を聞き入れずに、排他的なところがある。でも、私にいわせれば、それが良いように出ているとも思うんです。だって、いまはどこの町に行っても、同じような店が並ぶ商業施設があるだけで、町の個性ってものがないですから。それでも、浅草の将来をよくよく考えると、排他的ではいけないと思います。

私は、会社を辞めて店に入ったとき、銀行の支店長と積極的に会うことにしたんです。だって当時、浅草にいる大企業の人間は、銀行のひとだけでしたから。取引があってもなくても、積極的に会っていろんなことを教えてもらいました。わからないことがあると、誰にでもなんでも聞くというのが、私のポリシーなんですけどね（笑）。

浅草の良さはなにかと考えると、やはり昔からの季節の行事が毎月のようにあることです。元旦の初詣に始まって、節分会、隅田川の桜、三社祭、四万六千日のほおずき市と、数えだしたらきりがない。そういう文化のある町で商売していることをチャンスと捉えて努力して、お客さまに「もう一度、浅草に行こう」と思っていただけるような店が増えてほしいと思いますね。

対談を終えて

近年、食べものの店が増えている仲見世ですが、かつては、たくさんのおもちゃの店がありました。そのなかで、「助六」さんは幕末のご創業なので後発組といえますが、その「助六」さんだけが、「江戸趣味小玩具」の店として今日まで残っている理由を、木村さんは「父が不器用だったから」と説明なさいました。それは、「器用に商才を発揮して、儲かるビジネスに転進しなかったから」という意味でしょう。

その不器用な先代が、戦後の闇経済の時代にも玩具屋を続けたお陰で、職人さんたちは食いつなぐことができて、今日まで江戸の可愛い小玩具が継承されました。不器用もここまですごいと、世の中に貢献できるという いい事例です。

当代は、先代と比べれば器用とお見受けしますが、「メインの客層は、うちの店が好きなひと」とおっしゃいます。「何歳くらいで、所得がどれくらいの客層を狙って行く」とか、あれこれ考えたりされないのは不器用のDNAかもしれません。そのほうが、好きなことに正直に進めて素晴らしいと思います。

今回、文化の継承の仕方についても学ぶところがありました。それは、職人になりたてのかたをあえて「助六」専属にさせずに兼業を許し、だんだんに専属へと切り替えていくということ。この方法で商品の値段が高くなり過ぎないようにされているわけで、この面では融通が利いて不器用でないのはさすがだと思いました。伝統文化についてシリアスに考え過ぎると値段が高くなってしまい、継承が難しくなるというパラドクスに陥りがちです。

おそらくは器用さと不器用さの併存が望ましいのだろうと思います。商いの基軸に関しては不器用に、その仕方については器用に、という具合です。

木村さんは、日頃ご自分のことを「小商人《こあきんど》」と自称なさっていますが、今回、ようやくその意味が見えてきました。（住吉）

老舗の流儀

一　大事なのは、自分の商売が好きであること。

一　商いの基軸においては不器用に、商いの仕方については時代を見据えて器用に。

第二話

江戸前鮨に徹した仕事

最大の危機は、
生鮨が主流となった頃でした

◉「弁天山美家古寿司」五代目

内田正さん

（うちだ・ただし）


1943年浅草生まれ。

大学卒業後、父である「弁天山美家古寿司」四代目榮一のもとで修業に入る。

1988年五代目を就任し、以後、江戸前鮨の伝統を継承する丹念な仕事をしつつ、店の人気メニューとなる新たな味を創作。

著書に『寿司屋さんが書いた寿司の本』『これが江戸前寿司』

ピザパイ
《本日のフルーツカクテル》¥1200
・和梨
・洋梨
・キウイ
「日曜LIVE!!」INFOMATION
11/8(日)
11/15(日)
11/29(日)

店舗情報

江戸前鮨「弁天山美家古寿司」

べんてんやまみやこずし

1866年（慶応2）創業。

酢飯、手を加えた鮨ダネ、新鮮な山葵と煮きり醤油、この4つのバランスによって鮨の美味しさを最大限に引き出す江戸前鮨の古典的技法をいまも守る老舗。醤油を使わずに食すとき、鮨ダネとシャリで構成された江戸前の味を堪能できる。

今宵のバー ORANGE-ROOM オレンジルーム

浅草のエンターテインメント業界の中心地・六区近くにあるダイニングバー。本格的なカクテルはもちろん、ワインやウイスキーも豊富に揃っている。充実したフードメニューのなかには「ペリカン」のパンを使ったサンドイッチ、「タカラヤ」のオレンジチョコレートなど、地元人気店の味を提供。カウンターのほかにテーブル席があり、ここでは浅草のひとたちが町のことを熱く語りあう姿も。オールジャンルの月例ライブでは、生演奏を本格的な音響で楽しむことができる。寡黙なマスター、遠藤功さんは「浅草バーマップ」を作った浅草を愛する気骨のひと。このマップを手に「小粋なバーをはしごしよう！」が遠藤さんからのメッセージ。

いまも語り継ぐ戦争の記憶

――浅草の町は、第二次世界大戦時の東京大空襲で壊滅状態になってしまいましたが、当時のご記憶はありますか?

内田　三代目だった祖父を東京大空襲のときに亡くしているのですが、私は二歳の赤ん坊でしたので記憶はまったくありません。父も母も浅草生まれの浅草育ちで、地方の親戚がひとりもおらず、戦時中も疎開先はない状況でした。関東大震災でも浅草寺は焼けなかったので、祖父は「浅草は、観音さまがついてるから焼けないぞ」という信念で最後までここ弁天山にいたものですから、空襲の夜は、家族で燃えさかる町のなかを逃げたようです。

隅田川の堤や観音さまの境内に逃げたかたが多かったようですが、私を負ぶった母は祖母と一緒に東武ビルのなかへ逃げたところ、あまりの炎の熱さに地下鉄の構内へ入れてもらい、命が助かったと聞いています。

当時、父は帝都防衛のために中東部隊に招集されて、兵営となっていた田原小学校に駐屯していました。空襲の最中に警備で町をまわっているとき、うちの前を通りかかって店のなかを覗いてみたら、十年来中気《ちゅうき》で寝込んでいた祖父が帳場にちょこんと座っていたそうです。父は「今日の空襲はひどいので、浅草寺もやられるかもしれない。外に出たほうがいい」と、祖父を負ぶって弁天山の鐘撞き堂の下に避難させると布団を掛けてやったというのですが、それが祖父との最期の別れとなりました。

母は、私と祖母を東武ビルに残して鐘撞き堂に戻ると、祖父を負ぶって逃げたのですが、途中で祖父の着物の背中に火が付いてしまいました。あわてて下ろして、道端の防火用水の水を掛けて消そうとしたのですが、横なぐりの火のなか、祖父は見る間に炎に包まれて火だるまになってしまいました。それでも、祖父は最後の力を振りしぼって「早く子どものとこに行け」といってくれたそうです。母は泣く泣く祖父をその場に残すと、熱風と化した炎のなかを私たちのいる東武ビルに駈けこんで、なんとか一命を取りとめました。

翌日、ようやく再会した父と母が、祖父を残してきた場所に戻ってみると、祖父はそのままの姿で亡くなっていたそうです。大正から昭和の初めにかけて、浅草の全盛期に店をやっていた祖父は、「飲む、打つ、買うが当たり前」という当時の鮨屋の親父を地で行っていたひとでした。大酒のせいか四十二、三歳で中気で倒れた祖父は、日頃から「俺みたいな体のやつが生き残ったってしょうがない。浅草っ子なんだから、観音さまと一緒に燃えちゃったほうがいいよ」といっていたそうですが、まさにそのとおりになってしまいました。東京大空襲では、松本兼吉《かねきち》という五十年もうちのシャリを炊いてくれていた「シャリ屋の兼さん」も、B29の直撃弾を受けた「美家古寿司」の店と一緒に焼け死んでしまいました。

うちでは、毎年三月十日近くになると、東京大空襲で亡くなった祖父と兼さんの話を子どもや孫、店の者たちに語り継いできました。父は、三月十日に欧米のお客さまが店に来ると「おまえさんたちに鮨を握るのは、今日は勘弁」といっておりました。昭和の最後の年まで仕事をしていたのですが、その姿勢はずっと貫いていましたね。

ようやく父祖の地に「美家古寿司」を再建

――内田さんにとって、一番古いご記憶というのは、どのあたりでしょうか?

内田　ようやく戦争が終わって、なんとか新仲見世に土地を借りてバラックの仮店舗を建てたところ、昭和二十二年(一九四七)の四月に鮨の委託加工という制度ができたそうです。お客さまはお米一合を持って加工所として認定された店に行くと、あらかじめ用意していたシャリで握ったお鮨十個と交換してくれるという仕組みだったようです。東京都でも区ごとに何軒という割り振りがあって、若かった父は「浅草で一番古い鮨屋なんだから率先してやれ」といわれて、浅草区で第一号の委託加工業者になってしまいました。

食糧難の時代にお鮨が食べられると聞いて、お客さまがどんどん押し掛けて、一日三千個ぐらい握っていたそうです。材料も海の魚は統制品だから使っちゃいけない。鮒、鯉、ウグイ、ボラ、セイゴといった川魚と、ほかに貝類と海苔をタネにしてお出ししていたようですが、お米をお持ちにならなくても、昔からのお馴染みさんに再会すれば握って食べていただくのが人情でしょ。それを管轄していた経済警察が目をつけて、逮捕ということになる。父は、浅草警察には何度もご厄介になったようです。

ですから、私の最初の記憶というのは幼稚園の年中さんの頃で、家に帰ると、毎日、祖母や母が、お客さまが持参した白米を一升瓶のなかに入れて、ハタキの棒の先に布を巻いて突いていた姿です。当時の米の品質は劣悪だったので、米をもう一度精米しなおしてから酢飯にしていたわけです。祖母は「なんで私が、こんなことしなくちゃいけないのよ」とぶつぶついってました（笑）。

その頃、父が鮨を握って「正、これだよ」と出してくれたのですが、私はそれまで鮨ってものを見たことも食べたこともなかったもんですから、「これ、なんだ?」と祖母に訴えたらしいんです。祖母が「鮨屋の五代目ともあろうものが、『これ、なんだ』は悲しいね」といったことも覚えています。

父は、焼け出されてからあちこちにバラックの店を建て替えて、昭和二十六年（一九五一）、私が浅草小学校に入学すると同時に、もとの弁天山下に戻って店を再開することができました。なにがなんでも、ご先祖が選んだ土地に店を再建することを使命だと思っていた父の喜びは大きなものでした。ちょうど、ほおずき市が復活した年で、仕事が終わった明けがたに母とふたりで観音さまにお参りにいったそうです。

家の生業を自覚して育つうちに、気がついたら鮨屋になっていた

――「美家古寿司」を継ぐという意識は、いつ頃からお持ちでしたか？

内田　私は物心ついたときから、「五代目ができた、五代目ができた」と周囲からいわれてきました。浅草ってそういう土地柄で、まわりのひとから「美家古の五代目」といわれて育つと、「後を継いで店をやらないと世間さまに申し訳ない」と、幼いながらどこか刷り込まれていたんでしょうね。

――僕も幼稚園で「将来、なにになりたいですか？」と聞かれて、ほかの子たちが「野球選手」とか「パイロット」とかいってるところを、「すき焼き屋」といったそうなんですが、本人は覚えていないんです（笑）。

内田　いま考えると不覚にも、小学校の卒業文集で「僕は将来、鮨屋になりたい」とはっきり書いて、意思表示してしまったんです（笑）。それくらい職業選択の自由はなくて、うちの生《なり》業《わい》として鮨屋をやるのは当たり前という環境に生まれて、それをいまも続けているだけなんです。ですから、私も父も仕事を覚えるにあたって、よそへ修業には行ってないんです。お陰さまで、父は鮨屋としては頑張ったひとですから「仕事は、俺から学べ。学問や経営については、自分で学校へ行って学んでこいよ」といってくれました。

父は、子どもにはきちんと教育をと考えて、私は戦後再開したばかりの浅草寺幼稚園、浅草小学校へ通いました。土日は店があるので、四年生から塾に入って面倒を見てもらいました。

私は本来、包丁と鉛筆以外は左利きなんです。将来、鮨屋になるために箸の持ちかたからなんでも右手にしろと矯正されて、それがストレスになって吃音になってしまいました。しかも、対人恐怖症といいますか、ひととお話しするのが大の苦手。そんな内気な性格を、小学校の恩師である石田美佐雄《いしだみさお》先生が見抜いてくれまして、私に最も向いている学校として「立教はどうか」とアドバイスしてくださったんです。たまたま受けたら引っ掛かって、父は中学の入学式に付いてきてくれました。ところが、それまで立教がミッションスクールだという知識がなかったんです。礼拝堂には十字架とろうそくが並び、父がいうところの「西洋坊主」が出て来てお祈りするのを見てびっくりでした。帰りに鶯谷のお蕎麦屋さんで食事をいただいたんですが、父が「汝《なんじ》が汝で、いま何時って、おまえの学校は時間ばっかり気にしてるね」っていったら、そこのご店主が「いま、二時三十分です」って真面目に答えてくれました（笑）。

立教に縁があって入ったので、中学、高校、大学と進みました。大学へ入学したとき、父からは「うちは経済力がないんだから、留年したらもうそこでおしまいだぞ。成績は低空飛行でいいから、そのぶん友だちをたくさん作ってこいよ」といわれました。大学では、内気な性格をなんとかしたいというのと、筋道を立ててうまく話せるようになりたいと思って弁論部に入りました。発声練習で大きな声が出せるようになりましたし、弁論大会や街頭募金にも出るようになって、なんとか度胸もつけました。

大学時代は、授業があってもなくても朝八時半に家を出て、夕方五時には帰って来る。勉強は大学の図書館ですませて、家に帰ると店の手伝いという生活でした。私は小学校の頃からコハダの頭くらいは落としていましたから、たいていの仕込みはできました。その頃は、海苔巻きも巻いていましたし、ある程度鮨も握れていたんです。ですから、ダンスパーティとか合コンとか、夜のお付き合いをいっさいしたことはありません。それでも、八時半から五時までを自分の自由時間にさせてもらって学生生活を謳歌して、卒業したときに「お陰さまで、無事に大学を卒業させていただきました」と父に挨拶したら、「もう、いいのか」といってくれたんです。父は、もし大学院に行きたいのならその道もちゃんと残してくれつつ、ずっと見守っていてくれたんですね。

お客さまに育てられる

内田　小さい時分からみんなが父を「親方」と呼んでいたので、私も父のことを「お父さん」と呼んだ記憶がないんです。いよいよ店に入るときは「明日から、親方の弟子になります」と自分から挨拶して、そこから父と子ではない、親方と弟子という上下関係ができました。

私は子どもの頃から店に出入りしていたものですから、父から「あとを片しとけ」なんていわれると、片しながら「親父はなにやってたのかな」と見様見真似で練習する。父は「仕事というのは伝染《うつ》るんだよ」と、生涯にわたっていってましたが、親方の仕事が自分に伝染ったら、それをずっと継続していかないとなくなってしまうというのが、うちの仕事なんです。三代目の祖父の仕事を父が継承したものが、私に伝染ってそのなかでやっているので、よその仕事は入ってこない。かっこよくいえば「一子相伝」ですが、よそのことを知らないままにやっているわけです。

父は口でなにも教えてはくれずに、「俺の握ったのを見てみろ」というだけ。そうすると、なるほどタネの包丁の入れかたが自分とは違うのがわかる。そうやって、父の仕事を見て覚えました。

私が結婚しましたとき、かみさんはほかのところから浅草に嫁いできたんですが、父はとても気に入って「嫁と姑ではなにかと軋轢《あつれき》があるから、俺が育てる」といって、近所の買い物には自分で連れ歩いて、うちの家庭料理の味まで全部教えたんです。父は、家事を仕込んだその延長で「鮨屋のかみさんなら、シャリの切りかたくらい覚えろ」といって、「シャリ切り名人」なんておだてながら、それは手取り足取り教えていました。私には、「仕事は、見て覚えろ」のひとことだけでしたのに（笑）。

やっと鮨が握れるようになって店に立ちますと、入ってきたお客さまが私の顔を見て「今日は親方いないのか」と帰るかたがずいぶんいました。悔しいじゃないですか（笑）。そのうちに、そのかたたちが刺身をつまんだあと「じゃあ、海苔巻きでも巻いてごらん」といって、私が巻いたものを召し上がり、「ああ、だいぶよくなったよ」みたいな顔をして帰るわけです。それを何年か繰りかえしたあとでやっと、親方のいないときに鮨を握らせてくれて、「おまえの鮨と親方の鮨の違いはこうなんだよ」と、教えてくれるお客さまがたくさんいらっしゃいました。

――なるほど。親方は「見てろ」といい、それを言葉にして説明してくれたのはお客さまだったんですね。

内田 うちの鮨のことをよく知っていらして、「おまえの布巾の使いかた、シャリの返しかたは、親方とこう違うんだよ」とひとつひとつ教えてくれました。京都の「辻留《つじとめ》」二代目の辻嘉一《つじかいち》さんが赤坂に東京店を出されて、最晩年、月にいっぺんくらいうちに来てくださいました。その頃は、父も一緒に店に出ていたのですが、私がご指名をいただいて、ずっと握っていたんです。毎回、なにもおっしゃらずに「ご馳走さま」といって帰られる。それが三年経ったとき初めて「あなたもだいぶ精進なさいましたね」といってくださったんです。そのとき、「ああ、お客さまが、私を育ててくださっているのだ」と嬉しかったですね。代継ぎをするなかで、常にお客さまが温かく見守りながら、私たち「美家古寿司」を育ててきてくださったんでしょうね。

――店を愛して通ってくださるお客さまが、店主が代替わりしても、主として様になるまで長い目で見守るという話。最近ではあまり聞かないようですけれど、なぜでしょうかね？

内田 いままで鮨屋に来てくださるお客さまは、よその鮨屋に浮気をしないという原則のようなものがあったように思います。「美家古寿司」一本で代々来てくださって、それで成り立っていた。それがテレビや雑誌、インターネットのグルメサイトの普及で、お客さまはあらかじめ、うちには江戸前鮨を期待していらっしゃる。そのとき、うちが完成された江戸前鮨をお出しして、投下された金額に満足するものでないとリピーターにはならないという、一回勝負となってしまったわけです。こんな話をすると可笑しいかもしれませんが、私たちは鮨を売るのですけど、その店の親父も一緒に食べられているという意識をもってやってきたんですね。

――長く続いている食べもの屋というのは、当主にそういう覚悟がなければやっていけないところがありますね。

「生鮨が食べたければ、よそへ行け」

――このあたりで「美家古寿司」が代表する江戸前鮨とはどのようなものかを、ご説明いただけますか?

内田 江戸時代の文政七年（一八二四）に、華屋与兵衛《はなやよへい》が店を開き、山葵《わさび》を使って現在の鮨に近い握り鮨を出したのが、江戸前鮨の始まりといわれています。当時はもちろん冷蔵技術などありませんでしたから、タネとする生の魚や貝類には、それぞれ腐敗を防ぎかつ美味しくするための加工が施されていました。ですから、うちでは当時のままに、「酢飯、仕事を施した鮨ダネ、新鮮な山葵、そして煮きり醤油という四つのバランスによって、鮨の美味しさを最大限に引き出すのが江戸前鮨である」と考えてやっています。

初代の内田金七は、華屋与兵衛の流れをくむ「千住みやこ寿司」で修業をして、ここ浅草弁天山に「みやこ寿司」を開店いたしました。ですので、いまも醤油を加工して「煮きり」や「ツメ」を作ったり、新鮮な魚を漬けにしたり、酢〆や昆布〆にしたりと、古典的技法を守りつつ、江戸前鮨本来の仕事をしているわけです。

――たとえば、そのままで食べても十分に美味しい平目を、ひと手間掛けて昆布〆にすることで身が締まり、昆布の旨味であるグルタミン酸が加わってさらに美味しくなる。これは保存方法としても最適なのでしょうが、化学的な食品分析がなかった時代に、鮨職人たちが、旨味が生まれるタイミングをきちんと熟知していたということですね。

内田　昔のひとの知恵と勘は、すごいものですよね。それが、昭和三十七年（一九六二）頃、冷蔵庫が普及するようになると生鮮品の流通がよくなってきて、鮨ダネにも革命がおこったんです。そのため、酢飯の上に生の魚を載せるという生鮨が主流になっていきました。ですから、お客さまがうちにいらしてウニだの甘エビだの、イクラの軍艦巻きだのとおっしゃっても、うちにはない。「おまえのとこは、なにもないじゃないか」と怒って帰られるかたもいました。それが、私が店に立つようになってから最大の危機でした。

数年くらいそういう毎日が続いて、商売が落ち込んでしまった時期もありました。それでも、父は「そういうものが食べたければ、よそへ行け」と頑なにいっていました。うちは仕事をした鮨ネタを売る店だから、よその店のようにする必要はないという姿勢をまったく変えませんでしたね。

――うーむ。時流に逆らって忍の一字で凌ぐというのは、そうそう簡単なことではありませんよ。それは、お辛い時期でしたね。

内田 でも、第一次グルメブームというんでしょうか、食べもののガイド本のようなものが出始めたんです。慶應義塾大学の池田彌三郎先生や昭和天皇の侍従長だった入江相政《いりえすけまさ》さんたちがいろいろ食べ歩いて、「あそこは美味しかった」と随筆に書いてくださいました。ですから「浅草の美家古は昔の仕事をしている」とひとこと書いてくださるだけで、お客さまがけっこう来るようになったんですね。

――池田彌三郎先生は「タレント教授」のはしりでテレビでも活躍していましたし、当時、天麩羅の名店といわれた銀座「天金《てんきん》」のご子息でもあったので、けっこう影響力があったんでしょうね。

内田 その次の第二次グルメブームになりますと、マスコミのかたが私どものところに取材に来て、こちらの鮨に対する主張を書いてくださった。「美家古の寿司は、酢飯と新鮮な山葵と仕事をした鮨ネタ、そしてその上に刷く煮きり醤油で完成型なのだ。だから、醤油を使わずに食べられる」と、ちゃんと評価していただいたんです。お陰さまで、江戸前鮨を目指してうちへ来てくださるお客さまが増えたのは、ありがたいことでした。

生涯、親方であり続けた父親

――お客さまが減った時期に、お父さまが「生鮨が食べたければ、よそへ行け」とおっしゃった姿勢はご立派だったと思うのですが、当時の浅草でも「美家古の親父は偏屈で頑固」という噂が広がっていましたよね（笑）。そういう先代の極端な厳しさというのは、どこから来ていたのでしょうか？

内田　やはり父は、戦災で店が焼けてしまったあと、「美家古寿司」という暖簾を小さいながらもなんとか守って、元の場所に店を再建するという一心で頑張っていたのだと思います。こと仕事に関しては、江戸前鮨一筋でほかのことには目もくれませんでしたし、自分に対してもたいへん厳しいひとでした。

先ほども申しあげましたように、三代目だった祖父が希代のあそび人で、その日の売り上げを持って吉原に行ってしまうようなひとでしたから、反面教師として自分は仕事一筋でした。「酒と煙草は鮨屋の仕事にはよくない。そんなものいらないよ」と、私も禁じられていました。ですから、父が身まかってから、私はようやく外飲みという味を覚えたんです（笑）。

それでも、私に娘たちが生まれると、孫が可愛かったのでしょう。自分は年中無休でやっていたのに、「日曜日は、家族とメシを食う日にしろ」といって、第三日曜日を定休日にしてくれました。

浅草生まれの浅草育ちの父は、厳しいなりにしっかりした価値判断をもって生きていました。それが、メートル法以前の尺貫法の尺度で生きていたようなところがあって、世間のひととは若干ずれてはいましたけれど、父はぜったい間違っていなかったと思いますね。

私はよその店を知らずに、父の背中を見て仕事を覚えて、これまでやってきました。改めて職人の仕事とはなにかと考えてみると、親方の握るような軽い鮨、軽い鮨と思ってやってきて、どうにか近づけたと思って親方を見ると、親方の仕事はまたさらにその一歩先に行ってるんですね。わからないながらに努力してやっと近づいて、その近づいた自分のキャパシティで親方を見るとさらに上に行っているのがわかってしまう。それを毎日、埋めようとし続けることが職人としての仕事なんでしょうね。それだからこそ、私は生涯にわたって自分の父親を「親方」と呼べたのではないかと思います。

「美家古」の仕事を残すには

——こちらは大勢のお客さまに愛されているお店ですが、印象に残っているお客さまとの思い出などはありますか？

内田　私がことにお世話になったのが、武者小路千家の十三代お家元、有隣斎徳翁《うりんさいとくおう》さんと俳優の小沢昭一さんですね。店によく来てくださったおふたかたには、食べる者の気持ちを教えていただきました。お家元には「あなたは、ひとつ欠けているところがある。それには食べる側の気持ちになって、仕事を見る必要があるよ」といわれて、同業の鮨屋はもちろんフレンチや中華と、私ども夫婦をあちこち連れて行ってくださいました。お家元は「食べる側の快適さというのは、こういうものだよ」ということをずっといい続けていましたね。

小沢昭一さんには、うちが鮨を一カンずつお出しして、十二カンセットをメインで売るきっかけをつくっていただきました。その当時の鮨屋って、付け台に座るとなぜか二カンずつ鮨が出てきたんですね。うちの父もそれが当たり前でやっていたのですけれど、小沢さんはうちへは必ず二日続けてお見えいただいて、一日目は、たとえば白身から貝類までとネタケースの半分までを二カンずつ食べて、明くる日は光りものから煮ものまでと残りの半分のネタを二カンずつ食べていかれるんですね。それがあるとき、たまたま私が付け台に立っているときにいらして「俺、忙しくて二日続けて来られないから、今日は一個一個大会にしてちょうだい」とおっしゃったんです。そのとき、「あっ、そうか、お客さまはいろいろなネタを召し上がりたいのに、いままでどおり二カンずつお出しするのは、のぞまれていないのかも」と思って、淡白なものから味の濃いものまで一カンずつコース仕立てにして、お出しすることにしたんです。小沢さんには、快適に最初から最後まで食べるということを教えていただきました。うちは、いいお客さまばかりに恵まれて、本当にありがたいことです。

――先代の仕込みで「シャリ名人」とまでいわれた奥さまが亡くなられたあとを継いで、ご長女の晶子《あきこ》ちゃんが若女将として頑張っていらっしゃいますね。暖簾を継ぐ後継者については、どうお考えですか？

内田　うちは娘しかいないので、本人たちも婿をとって店を継がなくてはと悩んだようです。私は「自由にしていいよ」といっていたので、鮨屋にはこだわらずに結婚相手を選びました。たまたま長女がいいところに嫁いだので、婿どのと孫たちを連れて戻って来てくれました。子育てをしながら女将もやってくれて、いまはありがたく牛耳られているんです（笑）。

平成元年（一九八九）にうちに弟子入りして以来、ずっと一緒にやってきた山下大輔が、四代目親方の仕事も実際に見ておりますし、「弁天山美家古寿司の暖簾を、おまえが継げよ」ということで、平成二十五年（二〇一三）十一月に六代目を襲名いたしました。私には男の孫が四人いますが、血筋で代継ぎをするのではなく、やりたいと思った人間がやったほうが美家古の仕事は残っていくと思います。

――とはいっても、江戸前の鮨を握るかっこいい親方の姿を見て育ったお孫さんたちのうち、どなたかがお店を継ぎたいといい出すかもしれませんね（笑）。

対談を終えて

内田さんが先代について「メートル法以前の尺貫法の尺度で生きていたようなところがあって、世間のひととは若干ずれてはいましたけれど、父はぜったい間違っていなかったと思いますね」といわれたのは、上手いことをおっしゃるものだと感心すると同時に、いい話だなあと思いました。

ここでいう「尺貫法」について理解するには、鮨の歴史を知る必要があるかもしれません。そもそも、鮨は漬けものの重要な一種と捉えられるもので、人間が魚と塩を見つけたのが鮨の始まりですから、悠久の歴史があります。

「江戸前鮨」も、江戸時代の文政年間（一八一八〜一八三〇）に成立したといわれていますが、長い長い発展過程を経て登場しました。その歴史のなかに自分の鮨を位置づけるのが「尺貫法」であり、数年程度の世間の変化のなかで計れば「メートル法」ということになります。

その「江戸前鮨」は、冷蔵庫がない頃、職人たちが衛生の必要性に迫られて作っていましたが、いまは内田さんたちごく少数のひとたちが自分の信念に従って作っています。「江戸前鮨」の仕込みは生鮨よりはるかに手間と時間が掛かるのにです。

しかも内田さんは、手間が掛かるというのに高額の代金を請求しません。いまどき流行りのブランド魚の鮨のほうがずっと高いのです。私の節穴から見ますと、「尺貫法」で作った店は「一流」なことが多く、「メートル法」で作った店は「高級」でしかないことが多いような気がします。

内田さんはもちろんブランド鮨を目指しません。ですから、先代だけでなく当代も悠久の鮨の歴史のなかに生きておいでだといえましょう。「尺貫法」で生きておいでだともいえましょう。そして、その仕事やその商いは、ひとの生きかたそのものと繋がっているので、先代からは「伝染る」という方法でしか伝わりません。そのため、教育法が「見てろ」ということになるのだと思います。(住吉)

老舗の流儀

一　仕事というのは、伝染《うつ》るものである。親方の仕事が伝染ったら、それを継承して日々励むのみ。

一　職人の仕事とは、親方のいる高みと自分のあいだを、日々埋めようとし続けることである。

第三話

神さまの御霊を載せて町を守る神輿を作る

ものごとには、
二十五年周期で変化が
あるような気がします

◉神輿・太鼓・祭礼具・神具「宮本卯之助商店」七代目

宮本卯之助さん

（みやもと・うのすけ）

1941年浅草生まれ。
1965年「宮本卯之助商店」に入社。
1975年社長に就任し、2003年七代宮本卯之助襲名。
伝統的な製法を頑なに守り続け、華麗かつ堅牢な神輿、太鼓の製造に従事。
また、世界各地の太鼓コレクションを展示する「太皷館」、
邦楽教室や和太鼓練習所として活用できる「宮本スタジオ」を開設するなど、
伝統文化の普及にも尽力している。
著書に『神輿大全』

店舗情報

神輿・太鼓・祭礼具・神具「宮本卯之助商店」

みやもとうのすけしょうてん

1861年（文久元）創業。

日本の祭りと伝統芸能を確かな技術と腕で支える名店として、宮内庁をはじめ、国立劇場、国立能楽堂、歌舞伎座などの御用達。

三社祭の本社神輿や、氏子である町会の神輿を製造するなど、浅草にも深く貢献している。

神輿・太鼓関連の品々をはじめ、祭衣装や神具まで、「宮本卯之助商店」ならではの豊富な品揃えが評判。

今宵のバー  3wood

スリーウッド

西浅草のタワーマンションの隣りにある木の扉が目印のバー。店の入口には看板がないので、くれぐれも通り過ぎないようご注意を。若手マスターの堀江景太さんは、自分のバーをやるなら浅草でと、2012年にオープン。天井から壁、床まで温もりのある木で統一している店内は、森の雰囲気を感じさせる癒しの空間。カウンターの上には、氷が入っている木の盥が。ウイスキーとラムの品揃えが充実しており、とくにラムは作り手を訪ねてキューバへ買いつけに行くほど。午後3時からオープンしているこのバーで、チョコレートをつまみつつグラスを傾けていると、ガラス越しに差し込む外光がまるで木漏れ日のようだ。

「義を重んずる」姿勢

——浅草といえば三社祭、三社祭といえば神輿となるわけですが、宮本さんのところでは創業時から、神輿と太鼓を作っていらしたのでしょうか？

宮本　そもそもは茨城県の土浦で、文久元年（一八六一）に「山城屋《やましろや》」という屋号で創業し、当初は、土浦城の太鼓の製造や修理、馬具なども扱っていたと聞いています。明治になり、四代目が、玩具太鼓の納め先だった水戸の豪商で呉服屋の「福田屋」さんというかたから、東京のめざましい発展ぶりを聞かされ、「これからは、太鼓屋をやるなら浅草に行って商売をしたほうがいい」といわれたそうです。そこで職人たちを伴い、太鼓を張る道具や家財道具を船に積んで、霞ヶ浦を渡り利根川沿いにやって来ました。千葉の佐原へ出て、関宿から隅田川へ入り、今戸あたりに上陸したのではないでしょうか。江戸時代から、浅草は門前町でお寺も多く、猿若三座を中心とした芸能の町でもあったので、歌舞伎の太鼓の需要も多かったんですね。当時、六、七軒あった浅草の太鼓屋が、江戸全体をまかなっていました。「御太鼓師」といって、江戸城御用の太鼓屋もありました。現在、本社のある聖天町（現浅草六丁目）に店を構えたのは、明治二十六年（一八九三）です。

祭礼に関しては、太鼓のほかに山車《だし》を作っていました。それまで、神輿はもっぱら専門店でやっていましたが、昭和改元となり、御大典、震災復興などで祭礼が年々盛んになり、そのうちに「おまえのところでも神輿をやったらどうか」といわれて、五代目の祖父のときに職人を入れて始めたんです。以来ずっと、太鼓と神輿を二本柱としてやってきました。

太鼓は、神社仏閣用、祭礼用、能楽・長唄・民謡用、神楽・郷土芸能用、そして雅楽器と、多種多様のものを作ってきました。大正天皇がお亡くなりになったときに、大喪の礼で使う雅楽器一式をお納めしてから宮内庁御用達になり、昭和天皇の即位の礼での太鼓と鉦鼓《しょうこ》一式、そして大喪の礼での雅楽器一式もお納めしました。東京オリンピック開会式の大火焔太鼓も、私どもで作らせていただきました。

「太鼓判を押す」とよくいいますが、ネームプレートというものがなかった時代に「この品物は私どもが間違いなく保証いたします」という意味で、皮が張りあがった胴の真ん中に焼きごてで判を押したところから来ているんです。ですから、うちの大鼓の胴部分には、太鼓の「太」と卯之助の「卯」の旧字を組み合わせた文字が小判型のなかに入れてあります。昔は焼き印でしたが、いまは金属製のプレートです。

——こちらの会社の社是は、「義を重んずる」とあります。儒教の五つの教えの「仁」、「義」、「礼」、「智」、「信」のうち、商売人は「信」を重んずるところが多いように思います。やはり、神さまをお載せする神輿を作る会社だからでしょうか?

宮本　うちは「義を重んずる」ことをずっと大切にしてやってきているので、神輿には、そこから取った「宮本重義《しげよし》」を作人銘としています。これも昔からずっと伝わってきたことで、私が生まれたときから、神輿には付いていました。

――なるほど、「太鼓判」同様に、宮本さんがお作りになった神輿だけに入れる「責任印」のようなものですね。神輿の正面左手に「宮本重義作」という作人札があるのを見て、いままで神輿を製作された名工のかたのお名前だと思っていました。しかし、この「義を重んずる」ということを自分の代でもやるとなると、なかなか重たい言葉ですね（笑）。

敗戦前に蔵を塞いだ祖父の判断

――戦時中から戦後にかけての幼少期で、ご記憶に残っていることはありますか？

宮本　私は、昭和十六年（一九四一）十二月、太平洋戦争が始まって一週間後に浅草で生まれました。自宅は市川にあったので、三歳まではそこにいましたが、次第に空襲が激しくなってからは、祖母の出身地である福島県相馬に疎開しました。終戦後は、聖天町の店が空襲で焼かれてしまったので、浅草には戻れず、いったん埼玉県の草加に戻りました。ここにはうちの工場があって、工場のなかの一軒家に、両親と妹とで一年くらい住んでいました。家の前を流れていた小川で、毎日ザリガニ釣りに興じていたのが、思い出として残っています。近所にあそび相手がいなくて、そんな楽しみしかなかったのですが、面白くて、毎日バケツ一杯ザリガニを捕っていました（笑）。

昭和二十二年（一九四七）に店舗兼住まいが建って、浅草小学校へ入学するために浅草へ戻ってきました。浅草の町はおおかた整っていましたが、店の敷地にはまだ焼夷弾の燃えカスが残っていたのを覚えています。小学生だった私たちのあそび場は、隅田公園や待乳山聖天さまの境内でしたが、崖や塀などは壊れたままでしたね。当時の隅田公園には、戦争で仕事を失ったひとたちが廃品回収業をしながら集団で暮らしていた「蟻の町」もありました。五所平之助監督の映画『蟻の街のマリア』を観て、あの町のことを覚えているかたがいるかもしれませんね。

三月十日の東京大空襲で、店は全焼してしまったのですが、蔵だけは残りました。祖父は、営業力にも長けて仕事に精通しており、温厚で信心深いひとでした。私は、祖父や父に怒られた記憶があまりありません。その祖父が、空襲が激しくなった戦争末期に「日本は負ける」と判断したのだと思います。店の裏にあった鉄筋コンクリート造三階建ての蔵に、仕事で使う資材などを押し込んで、すべての窓をコンクリートで塞いで、入り口を目止めしてしまいました。当時は「戦争で負ける」なんていう話はできない時代でしたし、祖父の行為はまわりから馬鹿にされたようですが、信念をもって蔵を塞いでしまったようです。

東京大空襲のときに浅草にいたのは、祖父母と父だけです。言問橋を渡ったところに、うちの彫刻屋さんがいたので、祖父母はそこへひとあし先に逃げて、最後まで店にいた父は、あとを追っていきました。父は言問橋を渡り切ったところで橋桁に飛び下りると、手近にたまたまあった帯で自分の体を結わえて、川に落ちずに助かったそうです。言問橋では、爆風で飛ばされたり、熱風に耐えきれずに川に飛び込んで亡くなったかたが大勢いたと聞いています。

ようやく助かって、市川の自宅まで歩いて帰ったところ、前身真っ黒で髪も焼けてちりちりになった父を見て、母が思わず笑ってしまったものだから、父に「うんと怒られた」といっていました（笑）。でも、こういう話はすべて母から聞かされたことで、父は亡くなるまでそのときのことは話しませんでした。祖父も父も、関東大震災と東京大空襲に遭い、そこから二度も復興したのですから、その苦労は並大抵のものではなかったと思います。

関東大震災では難を逃れた浅草寺の本堂も五重塔も、東京大空襲では焼け落ちてしまいました。隣接する浅草神社では、焼夷弾が神輿庫を直撃して、蔵のなかにあった一之宮、二之宮、三之宮とそれぞれのレプリカ、そして町神輿が奉納された四之宮とで、都合七基の神輿が入っていたのが全部燃えてしまいました。本社神輿三基は、三代将軍徳川家光が寄進した貴重なものでしたのに、残念なことでした。それでも、周囲が全部焼けてしまったなかで、家光公が慶安二年（一六四九）に寄進した浅草神社の本殿は奇跡的に残りました。

戦後の復興は、三社祭から

――敗戦から二年後に、お店を再建して営業を再開されたということですが、これはお祖父さまが戦時中、資材一式を蔵に収めて塞いだお陰ですね。

宮本　その資材があったので、立ち上がりが早くできたのだと思います。焼け残った蔵というのは内部が非常に高温になっているので、すぐに扉を開けると酸素が取り込まれて、蔵のなかの物が一気に燃え上がるといわれています。ですから、うちは一か月くらい経ってから開けたそうです。

終戦後、仲見世など浅草の町も復興してきて、町のひとたちの衣食も足りるようになったときに、「浅草をさらに復興させるには三社祭だ」ということになり、燃えてしまった本社神輿を作ろうという気運が盛り上がってきました。でも、この辺一帯は戦災で焼けてしまったので、神輿の図面も写真もないわけです。それで、当時の浅草神社総代さんと新門さん（三社祭の神輿渡御を取り仕切る鳶職）の五代目、私どもの五代目の祖父とで、家光公と縁の深い日光の東照宮へ神輿を見に行って、それを原型として図面を引いて作ったのが、いまの本社神輿なんです。昭和二十五年（一九五〇）に「一之宮」と「二之宮」、そして二十八年（一九五三）に三之宮を作り、これで三社のご祭神をお載せする三基が揃ったわけです。

氏子各町の町神輿も、東京大空襲で全部燃えてしまったので、どの町会も競って神輿を作ろうということになり、昭和三十五年（一九六〇）くらいにかけて、すごい勢いで注文をいただきました。おとな神輿と子ども神輿大小二基と、子どもたちが曳く山車を作るので、私の中学から高校時代までは、店は非常に忙しかったですね。いまではまったく考えられませんが、職人たちは裸電球の下で、徹夜に継ぐ徹夜で仕事をしていました。
その頃、友だちと都内観光バスに乗ったことがあるんですが、うちの店の前を通ったときに、バスガイドが「ここ浅草では、神輿が売れない日はない」っていいました（笑）。

高級スーパーでの奉公時代

――宮本さんは、家業が太鼓と神輿の製造という特殊なお仕事ですが、大学を出られてから、どちらかに修業に出たご経験はありますか？

宮本　小僧に行くには、うちの同業が見当たらず、祖父の知り合いでお得意さまでもあった青山のスーパー「紀ノ国屋」で一年間、働きました。その間は、マンションの社員寮で、一室に二、三人で住み込みです。「紀ノ国屋」は、それまで泥がついた野菜を売るのが一般だったのを、現在のような清浄野菜を並べるようになったはしりですから、野菜を洗って袋詰めにしたり、缶詰の在庫を調べて並べたりしていました。

当時の「紀ノ国屋」は、社員教育として日蓮宗による宗教教育をしていたので、団扇太鼓や大太鼓を納めていたんです。うちも同じ日蓮宗ですので、お得意さまであり、信者同士でもあったんですね。毎日朝夕、道場でお題目を唱えるお勤めがありました。きつかったけれど、若かったので、なんとか乗り切りました（笑）。

専務の増井進さんには、仕事だけではなく、精神面でもいろいろご指導をいただきました。専務が、国内のあちこちや、インドをはじめ東南アジアの各国に仏蹟巡礼に行くときには、私も鞄持ちとして同行して、いろいろ教えていただきました。うちは、神さまの御霊を載せて町を守る神輿を作るのが家業ですが、ただ作って金儲けをすればいいというのではなく、身も心も清めて仕事に臨むという気持ちがなくては駄目なんですね。そういう意味で、奉公時代は、精神的に豊かな一年でした。

昭和四十年(一九六五)、「紀ノ国屋」から戻ったときは、祖父も父も現役で店にいました。私は、昭和四十三年(一九六八)年に結婚したんですが、一時は、祖父母と両親合わせて、三家族三夫婦が同居していたこともあります(笑)。

父は、若い頃は病弱だったので、母は私たち五人の子どもと住み込みの職人さんたちの世話で、ずいぶん苦労したと思います。父は、話題が豊富で社交上手なひとだったので、晩年、歌舞伎座や国立劇場の長唄囃子部門に参入して、御用達としての仕事をいただきました。副社長だった宮本孝太郎叔父が、体の弱かった父に代わって獅子奮闘の働きをして、お得意さまたちからも絶大な信頼を得ていました。私が三十三歳のときに父が亡くなり、その四年前には祖父も亡くなっていたので、この叔父から仕事の実務はほとんど教わりました。

叔父は、戦争に行って、「ノモンハン事件」(日ソ国境紛争として最大規模の軍事衝突)から生還してきたひとです。夜間、ソ連軍の監視を避けて撤退する際には、部下全員を順次腰のべルトに捕まらせて、真っ暗闇のなかを夜空のオリオン座を目印にして進んだそうです。その後、いったん帰国して再度千島に出征し、敗戦後は、ソ連によって三年間サハリンに抑留されました。そういう過酷な状況をかいくぐって来たので、一本芯の通ったひとでした。

「モータリゼーション」と「明治百年」

――お父さまが亡くなったあと、正式にお店を継がれたわけですが、社長在任時代で、一番ご苦労したことはありますか？

宮本　私は、自分で「二十五年周期」といっているんですが、神輿などを考えてみると、ピークがあって、その後下降してどん底まで行くと、さらにまた見直されるいう波がありますね。

私が店に戻る前年、昭和三十九年（一九六四）に東京オリンピックがあったのですが、その頃が、お祭りが一番下火になっていた時期です。ようするに、高度成長の真っ只なかで、自動車やカラーテレビ、クーラーといったものをみんなが求める時代に切り替わったんですね。そうすると、自動車が通る道に神輿が通るお祭りは邪魔だということになりました。浅草三社祭や神田明神の神田祭、日枝神社の山王祭、富岡八幡宮の深川祭などは別として、新宿や青山など都心部の町会では祭りをやらなくなり、もう神輿はいらないから引き取ってくれという話もずいぶんありました。

でも、祭りをやめてしまうと、コミュニティがなくなってしまうんです。地元の商店街も寂れていく。おまけにオフィス街になって次第に住民が減っていくと、町会自体が弱体化して、祭りどころではなくなりました。

――三社祭も、明治五年（一八七二）から五月十七日と十八日に祭礼が行われていましたが、昭和三十八年（一九六三）からは、道路の交通事情によって五月十七日と十八日に近い金曜日から翌日の土曜日、日曜日の三日間に行われるようになりました。町から祭りがなくなるほど、当時のモータリゼーションの勢いがすごかったんですね。それまでは、浅草で、三百六十五日神輿が売れていたといわれていたのが、ゼロになったというのは、危機的状況でしたね。

宮本　神輿屋を廃業して、転業するところもありました。私は目端が利かないものですから、「なんとか神輿と太鼓を続けていきたい」と思いました。その当時、私たちはみんな凹んでいたんですが、孝太郎叔父が「心配ないですよ、いずれまた、神輿が売れるときが来ます」と、どこか自信ありげにいったのをよく覚えています。叔父も戦前からずっと店にいて、いろいろな経験をしたうえでの判断だったのでしょう。

私は店での仕事の経験もまだ浅かったので、「将来は、うちの商売も駄目かな」という思いが一瞬頭をよぎりました。でも、叔父の言葉に励まされて、「いまは神輿は売れないけれど、いつか売れる日も来るだろう」と、神輿の職人たちを放さなかったんです。お陰さまで、太鼓の仕事は安定していましたから、そちらの仕事をやらせたりして、細々と続けていくことができました。

ところが、「明治百年」を契機にして、潮目がまた変わりました。日本の元号が明治に改められた明治元年（一八六八）十月二十三日から数えて満百年を記念して、昭和四十三年（一九六八）年の十月二十三日に、日本政府主催の明治百年記念式典が日本武道館で行われたんです。それまでの百年間の近代化のなかで日本は繁栄してきましたが、自然や人間性が荒廃している側面もあった。ここで、古き良き日本の美しい伝統を見直そうではないかという啓蒙的な動きが見られるようになったんです。

その数年前から、ＮＨＫで『ふるさとの歌まつり』という公開番組が始まっていて、司会の宮田輝アナウンサーが、番組の冒頭で「おばんでございます」という挨拶が当時の流行語になるほどの人気番組でした。全国各地をまわって、その地方の郷土の祭りや芸能、独自の文化を紹介するんですが、それぞれの郷土がもつ文化を知るにつれて、日本人のアイデンティティーを認識するようになって、また祭りをやろうじゃないかということになったんです。

さらに、一九六〇年代から七〇年代にかけて、自動車の急増が世界的に問題となって、欧米など世界各地で市内の中心道路を歩行者専用道路にする政策が実施されました。日本でも、高度経済成長時代の当時、自動車の急増によって交通事故が増え、排ガスや騒音といった環境問題への取組が始められました。東京では、当時の美濃部亮吉都知事の提唱により、昭和四十五年（一九七〇）に銀座、新宿、池袋、そして浅草で初めて「歩行者天国」が実施されました。

この「歩行者天国」は、我々の商売にとっては画期的なことでした。一年に一回のお祭りは、町にとっても大切なことだから、道路の交通規制をして神輿が通ってもよいと、警察が認めたんですから（笑）。

――かつては三社祭もいろいろな事情で、神輿の担ぎ手が足りなくて各町会が困った時期もあったと聞いていますが、いまの盛況ぶりはすごいですよね。最近の浅草では、氏子となって三社祭に参加しようと、引っ越してくるひともいますからね。

地方の祭りを訪ねる

――宮本さんは、ご趣味であるカメラを持って、地方のお祭りにもよく行っていらっしゃいます。お店で隔月発行されている『みやもとだより』には、各地のお祭りを取材して、文章と写真でご紹介されていますが、僕の初めて知るお祭りもいくつかありました。

宮本　地方の祭りには、日本全国、月に一回か二回は行っています。私が見ておきたいと思うめぼしいお祭りは、全国で二百五十くらいはあります。日本全国には神社が九万社くらいあって、そのうち専任の宮司さんがいるのは一万社ほどです。ですから、年に一回お祭りがあると考えると、一万回のお祭りがあるわけですが、実際にやられているかどうかは疑問ですね。

現在の祭りでは、たくさんの神輿が町に繰り出していますが、もともと神輿は一つの神社に普通は一基だけあるもので、これは「宮神輿」と呼ばれる特別な存在でした。神職とその周囲のひとたちが管理している神聖なものであり、氏子が担げるものではないのです。氏子たちが祭りで祭具として共有していたのは、山車や山鉾です。京都八坂神社の祇園祭りや福岡の博多祇園山笠など、地方の有名なお祭りでは、趣向をこらしたさまざまな山車が呼び物となっています。

江戸の祭りでも、氏神の神社の宮神輿と、各町には江戸型の山車があって、それが町に繰り出していました。巡行する山車の高さは、七、八メートルくらいです。ところが、明治の中頃になって、電気が普及するようになると、町には電線が張られるようになります。この電線に、山車が引っ掛かってしまう危険があって、東京の祭りで山車を巡行させるのが難しくなりました。そのため、江戸の壮麗な山車は、明治中期以降、地方へ売られたり、震災や戦災で焼失したりしてしまいました。それらの山車の代わりに、宮神輿に対して町のひとたちが共有する町神輿が作られて、広まっていきました。ですから、祭りで町神輿が練り歩くのは東京やその近県なんです。

大阪の天神祭とか、長野県諏訪の御柱祭《おんばしらまつり》、岐阜の高山祭のように、観光客が呼べるような祭りはいいのですが、地方はどこの町へ行っても商店街はシャッター通りと化していて、寂しいかぎりです。そういう町のお祭りは、ようやっと行われているような感じですね。

お祭り自体が、地元の氏子のみなさまの浄財で成り立っているのですが、過疎化して人口の減った町では、それが大変なわけです。露店が二、三軒は出ていますが、町自体にはお金が落ちない。祭り用具などが古くなっても買い換えられなかったり、若者が都会へ出てしまい、祭りが存続できない町もあります。祭り見物に行って、神社にお賽銭をあげるとか、お札《ふだ》を買うとか、協力できることをなんとかしなくてはと思っているんですが。

日本全国、どのお祭りでも根底にあるのは、人間の力の及ばない「神」を祀り、平穏な暮らしを祈るということです。この変わらぬ思いを、年に一回のお祭りを続けることで守っていければと思いますね。

外国人観光客が増えた浅草

──最近、浅草の町は、外国人観光客が大変多くなりました。なかにはモラルに欠けた行為をするかたもいて、悩ましいところなのですが、宮本さんは最近の浅草をご覧になって、どう思われますか?

宮本　東京スカイツリーができてから観光客も増えてきて、その恩恵を一番受けているのは浅草かも知れません。うちの西浅草店の四階に、アジア、アフリカ、ヨーロッパ、アメリカなど、世界各国から蒐集した太鼓を展示した「太鼓館《たいこかん》」があるのですが、来館者の半分は欧米からの観光客です。

日本のお祭りに興味をもって、うちを訪ねてくださる外国人観光客もいらして、店に飾ってある神輿を興味深く、ご覧になったりしています。店の者たちには、「いったん敷居をまたいで店に入ってこられたお客さまには、きちんとした応対をしなさい」といっているのですが、あとで、そのひとが何十人かのお客さまを連れて来てくださるかもしれない。そういうことを考えなさいということですね。

　中国人の「爆買い」ですとか、いろいろいわれていますが、日本人だって、かつて海外には旗を立てて団体で旅行をしていたものです。パリの有名ブランド店でバッグを買い漁って顰《ひん》蹙《しゅく》を買ったこともありました。でも、いまではブランドものを買う以外の興味をそれぞれがもって、旅を楽しんでいるように見えます。最初は団体旅行で日本に来た外国のかたも、日本の文化に興味をもてば、本物の日本の伝統文化を訪ねて何度も来るようになるのではないかと思っています。

　新しいものが好きな若いひとたちが、日本の古いものを懐かしく思ったり、新鮮な目で見直したりして、最近では「和」の世界が注目されているように思えます。いまも昔も観音さまの門前町として栄え続けてきた浅草には、ほかの盛り場にはないなにかがまだ残っている。そういう意味で、いまどきの浅草は心配ないと思っています。

対談を終えて

神輿製造業の本当の危機が、高度成長期だったというのは驚きでした。終戦後、衣食が足りてきたときに、さらなる復興のシンボルとして祭りを欲したのが、高度経済成長で欧米並みに豊かになると祭りが不要となったというのは、実に皮肉なことです。

このとき、叔父さまの宮本孝太郎さんがいらしたことは本当に幸運でした。孝太郎さんが常に固い信念をもって最後まで諦めないひとであったことについて、七代目は、孝太郎さんの遺詠集『オリオンの星座』に寄せた序文のなかで「これは、先の二度にわたる過酷な戦争体験と、相馬から上京するときからずっと持ち続けてきた『二十三夜様』の信仰の力があったからではないかと思います」と書いておられます。

戦争を体験したことは不幸なことですが、人間を鍛える場になったのも事実でしょう。私は、平成十三年（二〇〇一）に六代目を継いだ直後、ＢＳＥ（牛海綿状脳症）問題で店の売り上げが半分になるという経験をしましたが、自分が「逆境慣れ」していないことが、当時とても心もとなく感じられたものです。

孝太郎さんも七代目も「周期」の感覚をもっておいでなのは、月齢の夜に勤行をする「二十三夜様」信仰に由来するのかもしれません。目の前の現実に対処するときに、その状況がいつまで続くか、ひとは容易に判断できないものです。しかし店の主であれば判断して、対処しなければなりません。近視眼的なことをしないためには、「周期」の感覚をもつことが有効なのだろうと思います。勉強になりました。（住吉）

老舗の流儀

一　神輿を作るときは、身も心も清めて仕事に臨む。

一　目の前の困難に対処するには、潮の流れを読み、周期の感覚をもって判断することが大切である。

第四話

江戸の食文化として「どぜう鍋」を守る

美味しく、お値打ち、そして気持ちよく

◉「駒形どぜう」六代目

渡辺孝之さん

（わたなべ・たかゆき）


1939年浅草生まれ。

京都「美濃吉」で修業し、1963年家業である「駒形どぜう」に入る。

1991年六代目越後屋助七を襲名。

どぜう屋で江戸の文化と風情を感じていただこうと八面六臂の活躍。

店をご子息が継いだ後は「生涯現役」を宣言し、雷門近くに炭火焼き鶏「百八つ」を開店。

美味しい大分の地鶏をお値打ちに出すとあって、いつも賑わっている。

蕎麦打ちの腕も名人級と評判。

著書に『駒形どぜう六代目の浅草案内―今に生きる江戸っ子の味、技、人情』

店舗情報

どぜう「駒形どぜう」

こまがたどぜう

1801年（享和元）創業。

出し桁造りの総檜の店の入口には、「どぜう」三文字の藍染め暖簾。引き戸を開けて店内に入ると、江戸の香りと風情に包まれる。

たっぷりネギをのせて煮ながらいただく「どぜう鍋」は、調理方法も創業当時のまま。鍋を熱燗で一杯やるのも、ごはんと「どぜう汁」でやるのもまたよし。江戸の味が堪能できる名店。

今宵のバー　Bee　ビー

浅草からはちょっと離れた東向島の水戸街道沿いにあるオーセンティックなバー。向島らしい黒瓦の素材を使った外壁が目印。店内には9メートルを越えるベイマツの一枚板の長いカウンター。いつも賑わっているのは、気さくで話が面白いマスター、山田隆之さんのお人柄によるもの。人気のバーめしは「あん掛け焼きそば」。本格的な中華料理が食せるバーとはなんともユニークだが、その理由はマスターの父上がやっていた中華料理屋をバーに転換したからというもの。ウイスキー、カクテル、ワインとなんでも揃っているので、バー入門者にもお薦めの店。下町らしい「東京スカイツリーカクテル」が生まれた店でもある。

戦火に耐えた隅田川の桜

――渡辺さんは、戦争中のご記憶にどのようなものがありますか？

渡辺　私は小さい頃から体が弱くて、葉山に転地療養をしていたので、戦争中も母や兄妹たちとそこで過ごしました。横須賀には海軍工廠があったので空襲はありましたけれど、葉山には御用邸があったせいか、どうも米軍は狙い撃ちするのは避けていたようです。戦争が終わり、隣りの施設に米軍が進駐するとのことで、急遽奥多摩に移転し、寒い一冬を過ごしました。

その後は、東京大空襲で「駒形どぜう」の店は全焼してしまいましたので、私たち子どもはまた葉山へ戻って、昭和二十一年（一九四六）の四月に葉山小学校へ入学しました。三年生くらいになると、大変な思いをして横須賀線に乗り、ときどきは浅草へ帰ってきたのですが、見渡すかぎりなんにもない焼け野原を見たときは、それは驚きましたよ。駒形橋を狙った焼夷弾が橋のたもと近くに落ちたようで、そこに直径十メートルくらいの大きな穴が開いていて「爆弾池」と呼ばれていました。道路の中央には、瓦礫の山がうずたかく積まれていましたしね。それでも、仮店舗でドラム缶の野天風呂を焚いて、従業員のひとたちと一緒に入った楽しい思い出もあります（笑）。

私の父、繁三《しげぞう》は、明治三十九年（一九〇六）生まれなので、関東大震災と東京大空襲で二回も店を全焼するという経験をしています。関東大震災のときに府立三中の学生だった父からは、当時の様子をよく聞かされました。地震が起きたのはちょうど昼時で、ぐらぐらと数回にわたって大きな揺れがありましたが、店は倒れずにすんだそうです。昼時でしたので、店ではいつものように大釜でごはんを炊いていたんですね。お腹を空かせて避難するひとたちが店の前を通るのを見た祖父は、女衆たちに握り飯を作らせて、味噌汁を添えてみなさんに差し上げたそうです。父は「たいそう喜ばれたんだよ」といっていました。その後、蔵前の高等工業から火が出て、店は全焼してしまいました。なんとか復興させて店を本建築で再建してから二十数年後に、戦災でまた丸焼けしてしまったわけですから、五代目である父は「駒形どぜう」の歴史のなかで、一番苦労して店の暖簾を守ったひとだと思います。

父は、いずれ東京も空襲に遭い、戦争には負けると予測をしていたようです。関東大震災後の復興のときに、建築資材が高騰して大変だったという経験もあったので、浦和の親戚のところに材木を備蓄していました。醤油や味醂も瓶《かめ》に入れて庭に埋めておいたところ、それは駄目になってしまったといってましたね。

昭和二十一年の五月には、葉山の船小屋を解体した木材で仮店舗を建てて、営業を再開することができました。その年の四月、浅草の町にもバラックなどがぽちぽち建つようになり、父はとりわけ桜の花が大好きでしたので、「今年はお花見ができるかな」と、建築作業の合間に出入りの大工さんと一升瓶を持って、隅田川の川岸まで歩いていったそうです。そうしましたら、言問橋近くの土手に、激しい空襲をくぐり抜けて残った何本かの桜が、満開に花を咲かせていたそうです。その桜を眺めながら、「なぜか涙が流れて仕方がなかったよ」と父はいっていました。

禅寺での下宿生活

――渡辺さんは、子どもの頃から「駒形どぜう」の六代目としてお店を継ぐように育てられたのでしょうか?

渡辺　いえいえ、私には兄がおりますので、父も私も長男である兄が当然店を継ぐと思っていました。それが、私が大学三年生のときに、兄が自分の道を選んで進んでしまったので、父は私を呼んで「将来、どうするつもりかい?」と聞きました。当時、日本経済は右肩上がりの成長を始めた頃で、大学生はどの企業からも引く手あまたの状態でした。私は、「これからは海外へ目を向ける時代だと思うので、貿易の仕事に就いて日本経済に貢献したい」と考えていたので、そう父に話しますと、「会社に入って役に立ったとしても、大勢のなかのひとりであり、影響力は小さい。それよりうちの店で自分の力を発揮すれば、ひとには真似のできない大きな足跡を残せるよ」と申しました。そして、「いままで、おまえが学校に行かせてもらって、好きな運動や旅行をさせてもらったのも、すべてお店のお陰だよ」と続けたんです。私は「両親のお陰」と思っていたので、父の「お店のお陰」という言葉は意外でした。

私には妹が三人いるので、自分の考えを押し通すこともできましたけれど、ここはこの店に生まれたことを宿命と思って、気持ちよく店を継ごうと決心しました。そのとき、私が取り付けた条件は、大阪か京都に奉公させてもらうことでした。といいますのも、私たち家族は、昭和二十四年（一九四九）に葉山から東京に戻って、店の従業員たちと同じ棟に住むようになり、私たちは学校へ、彼らは仕事へという生活をするようになっていたんです。両親はともに、他人の家で働いた経験がなかったので、もっと従業員の立場を考えてあげたらなと思うようなこともときどきありました。それで、店を継ぐなら、まず他人の家で働くことがどんなものかを体験したいと思ったんですね。奉公先は、友だちが多い東京では駄目になる。ならば、食に関して厳しい関西、できれば大阪がよいと思いました。

大学四年生の授業では、これまでの貿易関係中心の勉強から、労務管理とか経営学に変更して学び、最後の学生生活も楽しみました。そして、卒業式が済み、クラスのさよならパーティが終わると、その足で東京駅に直行し、夜行列車で東京を離れました。それが、昭和三十七年（一九六二）の春のことです。

母の実家が京都の「本田味噌本店」で、そこの伯父から京都「美濃吉《みのきち》」の大阪梅田の阪神デパートの出店で修業してはどうかと紹介してはもらっていたのですが、いざ面接に行くと、女将さんからはひとこと、「大卒のひとはかなわん」（笑）。当時、大卒の料理人はめずらしかったのも事実ですが、覚悟を決めてここまで来たんですから、後へは退けません。次の日にもう一度伺って、「高卒のつもりで使ってください」とお願いして、ようやくお許しが出て採用されたんです。

次は、下宿探しです。とにかく早く働きたいと思っていた私は、父が、梅田とは阪神電車で繋がっている西宮の海清寺《かいせいじ》の老師さまを存じ上げていた関係から、お寺に下宿することに決めました。海晴寺は、由緒のある妙心寺派の禅寺です。ことに禅宗のなかでも厳しい臨済宗の専門道場だったのですが、そんなことも知らずに、単にお寺の一室を下宿としてお借りするくらいの気持ちだったんですが、これが見込み違いでした（笑）。

翌日から、午前四時の鐘撞き堂の大きな鐘の音で飛び起きると、座禅堂の掃除をし、その後は本堂での朝のお勤めに参加して、お粥の朝食という、まさに修行僧の生活が始まりました。お借りした侍者寮《じしゃりょう》では「一室一灯」といって使用できる電灯はひとつだけ。掃除のときは、どんなに寒くても水で雑巾がけをし、靴下や足袋は決まった日にしか履くことはできませんでした。慣れない寺での生活は驚きと緊張の連続でしたが、若いので乗り切れたのと、「我慢すること」を覚えたのも貴重な体験でしたね。老師さまも大変素晴らしいかたで、「人間辛抱が大切」など、いまでも人生の糧となっている言葉をたくさんいただきました。

敗戦直後のバラックから本建築の店舗へ

――下宿先では禅寺の小僧として修行し、「美濃吉」さんでは板場の小僧として修業と、お話を聞くだけでも厳しい毎日だったと思います。関西には、何年くらいいらしたのですか？

渡辺　短くても三年間は修業する覚悟で出掛けたのですが、翌年の正月を過ぎた頃から父の体が弱ってきて、父の念願だった店の本建築も始まることになったので、早く切り上げて帰ってくるようにと、母から説得されました。一年ちょっとの奉公では、鍋洗いを覚えたことと、職場の一番下で働くひとの気持ちがわかったことくらいでした。仕事も中途半端だったので、本当は気が進まなかったのですが、仕方なく東京へ帰ることにしました。

昭和三十八年（一九六三）の六月に店に戻ってからは、父の手助けをするというより、どぜう屋の仕事を一から勉強することが第一と感じました。いずれは自分がこの店をやらなくてはならないのだから、従業員のみんなの信用を失ったら、それこそ関西に行かせてもらったことがなにもならない。私はまだ、なんの技術も身に付けていませんから、とにかく誰よりも早く起きて、誰よりも遅くまで働くことに決めました。なにしろ禅寺で修行をしていましたから、早起きはお手のものです（笑）。早く起きても、当時の私ができることは店のまわりの掃除くらいでしたが、約三千坪の敷地のあるお寺の掃除を毎朝三、四人でしていたことと比べれば、ひとりでやってもあっという間に終わってしまいました（笑）。

「駒形どぜう」は、昭和二十一年に仮店舗を建てて営業を再開しましたが、ほかの飲食店が次々とバラックから本建築に建て替えていくなかで、昔気質の父は、「空襲で焼けた皇居が造営されるまでは、店も本建築にしない」と決めていました。東京オリンピックの開催が決定して、新宮殿の建築も決まり、私が関西から戻ったことで、ようやく本建築の着工が始まりました。父は関東大震災の体験から、地震に強い店にしたいと考えて、店全体を一枚岩のようなものの上に立てる計画をしました。地下室を造って、その上に木造建築が載るような設計を依頼したのです。

地下を掘り始めると、たぶん江戸時代の末に埋めたのではないかという古い井戸が発見されました。井戸の真ん中に埋まっていた青竹が、昨日切ったような真っ青な色をしていたのを覚えています。店で使われていた食器や茶碗など陶器類も数点出て来て、「駒形どぜう」の歴史をひしひしと実感しました。

父はいわゆる「普請道楽」で、店の本建築用にと戦前から浦和に資材を備蓄していました。入口の檜の一枚板の引き戸ですとか、籐畳を敷いた一階の入れ込みの座敷の上がり框《かまち》の欅や、二階の広間の天井板など、現在の店舗で使われている木材は目利きの父が集めておいたものです。建築中は、父が一番嬉しそうで、腰に手拭いをぶら下げて、まるで現場監督のように見て歩いていましたし、毎晩、大工の棟梁と設計事務所の若い建築家と三人で、楽しそうにお酒を飲みながら打ち合わせをしていました。

私が店に戻った翌年、昭和三十九年（一九六四）四月の末に、新店舗の完成披露宴をすることになって、父が主導でその準備をしていたのですが、当日の早朝、父が脳出血で倒れてしまいました。父が入院したことは極秘にして、私は気が動転しながらも宴会に臨みました。店に入って一年足らずの私が存じ上げているお客さまは本当にわずかでしたが、今日から父の代わりを務めなくてはと精一杯の元気を出して、無事に披露宴を終えることができたときは、ほっとしました。それにしても、店を背負って立つ第一歩がこれでしたから、なんとも手荒な神さまからの洗礼でしたね（笑）。

お陰さまで、新店舗が開店しますと、大勢のお客さまが連日お見えくださり、店が終わったときには、全員疲れてぐったりするほどでした。私は、若旦那といっても名ばかりで、店のことは調理にせよ営業にせよ従業員のほうがずっとベテランでしたから、相変わらずみんなより早く起きて、遅くまで働く以外、自分の存在を認めてもらうことはできませんでした。

ドジョウが店から消える日

――渡辺さんがお店に入られて、一番ご苦労なさったのは、その時期でしょうか？
渡辺　いえ、どぜう屋にとって一番厳しかったのは、天然のドジョウが捕れなくなったことです。高度成長期の昭和三十四年（一九五九）、私が大学二年生の頃、通学している東横線の車内で意見広告を見つけました。それは、「コウノトリが死ぬのは、田圃のドジョウを食べるから」という、農薬に対する警告でした。私は家に帰るなり、父にこのことを伝えて、「この広告は、店の営業に大きなダメージを与える。早く清浄ドジョウの養殖を独自に進めなくては、『駒形どぜう』の暖簾を守れないのではないか」と話しました。

ドジョウは一度死滅すると、卵が孵化して商品になるまでには、十か月間は必要です。ですから、五月の田植えの時期に農薬散布をして死滅すると、来年の三月まではその田圃から商品としては収穫できないんですね。農薬散布は全国的に行われ、多少の地域差はありましたが、ほぼ同時期にドジョウが姿を消してしまいました。

とくに農薬を多く使う田植えや夏草取りの時期には、ドジョウが激減するようになりました。ドジョウが一番美味しいのは、夏草取りのシーズンなので、店も予約で忙しいはずですが、残念ながらドジョウが予定どおりに入荷しなくては、予約も思うにまかせない状態が続きました。父は、これまでのように問屋さんを当てにすることができないと判断すると、自分でドジョウを買い出しに、埼玉や千葉、茨城の農家や取り手さんをまわるようになりました。私が奉公に出ていた約一年あまり、父は不足するドジョウを自分の足で集めては商売をするという有り様で、その結果、体調を悪くしたようでした。

父とふたりで、東京大学の淡水魚養殖の大島教授というかたを本郷に訪ねて、養殖の可能性を相談したところ、「池での養殖は理論的にはできると本には書いてあるけれど、成功した例はない」といわれました。「成功した例がなければ、やってみよう」というのが父なんです（笑）。そこで、信州の諏訪湖に父の親友がいたので、田圃を借りて、貴重なドジョウを十キロくらい放流して様子を見ることにしたんです。でも、二か月後、田圃にドジョウの姿は見当たりませんでした。信州までは行くにも時間が掛かることもあって、いつの間にか養殖の話は立ち消えになりました。

とにかく、どぜう屋にドジョウがないのは最悪の状態で、暖簾を出せない日もありました。国内はもう駄目なので、外国から仕入れようと思っていましたら、浅草の革問屋さんで台湾と貿易をしているかたがいて、「台湾には、天然のドジョウがたくさんいる」と教えてくださいました。そのとき中国語はなにも話せなかったのですが、大使館に紹介状を書いてもらい、「台湾に行けば、なんとかなるさ」と、とにかくひとりで乗り込むことにしました。昭和四十一年（一九六六）三月一日のことです。

幸いなことに、台湾の貿易商、周聖徴《しゅうせいちょう》さんというかたがガイドとして付いてくださり、十日間という短い滞在期間中に市場をまわってドジョウを探し、なんとか輸入の段取りを付けることができました。ようやく秋の終わりになって、台湾で集荷されたドジョウが、水、酸素、ドジョウの餌の油揚げのかたまりと大豆と一緒にビニール袋に入れられて、段ボール詰めで空輸されてきました。その総数、百キロです。ドジョウ不足で、一度に三十キロも集まれば大拍手でしたので、本当に嬉しかったですね。これで安心してお客さまに来ていただける。予約のお客さまも責任をもって取れるという喜びでした。このドジョウの輸入以来、私は五十年あまりにわたり、百五十回近くも台湾を訪ねて仕事を続けて来ました。残念ながら周さんは亡くなりましたが、ご家族とはずっと親戚づきあいをしています。貿易の仕事に進みたかった私が、どぜう屋の仕事を通して国際親善ができるのも嬉しいことですね。

その後、「一村一品運動」を提唱されていた大分県知事の平松守彦さんと出会います。大分県産品の知名度を上げるために、ひとつの村にひとつの名産をという運動で、院内町（現宇佐市）の「内水面漁業試験場」で養殖したドジョウを「院内ほたるどぜう」というネーミングにしてうちでお出しすることになったのです。これは完全に卵からDNAのよいものを科学的に研究して養殖しているので、生まれてから料理されるまで、一度も泥のなかを潜らない清浄なドジョウです。臭みがなくて骨も柔らかいんです。

――あくまでドジョウにこだわるという姿勢は、すごいですね。どこかで、ほかのものに変えるという発想はなかったのでしょうか？

渡辺　ありませんでしたね。ほかの仕事は、私でなくてもできますが、ドジョウは私が仕事としてやってこそ「駒形どぜう」に足跡を残し、暖簾を繋げるわけですから。思えば、大学三年生のときに、店を継ごうと決心するきっかけとなった父の言葉に、後押しされてきたのかもしれません。

『どぜう往来』と江戸文化道場

――渡辺さんが、実際にお店を経営されることになったとき、一番心掛けていたことはなんでしょうか?

渡辺　私がまずやったのは、父がすべて自分でやっていた経理や労務の仕事を、専門の先生がたにお願いしてサポートしていただくことでした。そして、従業員にはまず楽しく夢がある仕事として働いてもらおうと、週休二日制度をいち早く取り入れることにしました。

次に「美味しく、お値打ち、そして気持ちよく」というキャッチフレーズをつくって、従業員たちと気持ちをひとつにして、お客さまをお迎えしようと思いました。とにかく「駒形どぜうへ行こう」と思っていただく店にしなくてはと考えたとき、料理屋ですから、美味しいのは当たり前です。そこで、美味しさに加えて「食の安全」を第一にしました。定期的にドジョウの養殖場に行って、清浄な養殖をしているかをチェックし、無農薬栽培をお願いしている宮城の登米《とめ》のお米、京都伏見の酒蔵の日本酒など、店で仕入れるものは、すべて産地に伺って自分の目で見ることを心掛けました。生産者のかたの顔を知っていると、お互いに信頼して仕事もできますから。

本来、どぜう鍋もどぜう汁も高級なものではなく、働く庶民の食べ物でした。それが天然ものが入手困難になって、たまにしか食べないものになりました。それを、「駒形どぜう」で、どぜう鍋を食べたら、江戸の味と気分に浸れた。来てよかった」とお客さまに「お値打ち」感をもっていただくには、文化の味つけも売りにしていかなくてはいけないと思っています。

そして、「教育はすべてに優先する」という考えをもって、社員教育には経費を投じるようにしました。一緒にごはんを食べたり、一緒に仕入れ先へ視察旅行に行くことで、お客さまを大事にする意識をみんなで共有できるようにも務めました。そうすると、マニュアルどおりの接客ではなくて、目の前のお客さまに自然に、おもてなしができるようになるんですね。そうすれば、お客さまには「気持ちよく」召し上がっていただくことができるわけです。

――渡辺さんが、常日頃、江戸文化の継承と発信を「駒形どぜう」からされているのも、素晴らしいことだと思っています。

渡辺　江戸時代、ドジョウは庶民の動物性蛋白源となる手頃な料理として、広く食べられていました。江戸時代後期の嘉永元年（一八四八）発行の『江戸名物酒飯手引草』というグルメガイドブックによれば、「どぜう」を看板にした店は十一軒が掲載されています。それが、いまでは都内の「どぜう専門店」といわれる店はわずか二軒だけになってしまいました。

ドジョウの一番いいところは、「一物全体食」といって、丸ごと食べられることなんです。そしてネギとドジョウを一緒に食べると、リン酸カルシウムというものができて、体内で一番吸収されやすいカルシウムになります。ですから、どぜう鍋にはネギを載せるという江戸時代からの食べかたは、理にかなったものなんですね。こういう江戸の味に込められた知恵や文化も、お客さまにお伝えしたいと思ってやっているのが「江戸文化道場」です。

平成元年（一九八九）に父が亡くなり、私が六代目当主となったときに、どぜうファンをつくるにはどうしたらいいかと考えました。そして、改めて江戸学を勉強しようと思い、それならば、お客さまを巻き込んで面白可笑しくやろうと思ったのがきっかけです。父は、昭和二十七年（一九五二）頃に「うちは江戸からの料理屋なんだから、年間三十万円は江戸文化のために使うのだ」といっていました。いまの三百万円くらいでしょうか。

「ドジョウ屋」だから「道場」がいいだろうと「江戸文化道場」に（笑）。講師としてお招きするのは、江戸文化に関わることをされているかたですが、基本は私が直接お会いして「このひとのお話を聞きたい」と思うかたばかりです。ですから、いつも「江戸」というアンテナは張っています。

二か月に一回、浅草の本店の地下で、講師のかたのお話を聞いたあとは、どぜう鍋を召し上がっていただきます。この会に入っていることでちょっと自慢できるような特典は、江戸についてもの知りになれること。そして、年に六回を毎回出席されると一年に一段ずつ有段者となって、十段になりますと修了証と六万円の「駒形どぜう」の食事券を差し上げるんです。もちろん宴会にも使えますが、不祝儀ではなくお祝いに限るという条件があります（笑）。なかには、三十段というかたもいらっしゃいます。会員の資格は相続できるので、十五段で亡くなったかたのお子さんが引き継いで「来てみたら面白かった」と、新たなお客さまとなることもあります。

これまで三十年以上、百八十九回にわたって「江戸文化道場」をやってきた理由は、二か月に一度お会いして、一緒に食べてお酒を飲むことで、お客さま同士が友だちになるんですね。息子さんと娘さんを結婚させたお客さまもいらっしゃいますよ（笑）。

毎度「駒形どぜう」に来てくださるお客さまを大事にして、そのかたたちに核になっていただく。そして「あそこは美味しかったし、雰囲気もいいよ」といってお仲間を誘って、また来たくなるようなお店にしたいと思ってやっています。

店でお配りした『どぜう往来』は、昭和五十八年（一九八三）に、父と相談して、お客さまと交流ができて、後々まで残るものをと始めたものです。誌名も、お客さまがいつも往来してくださるようにとの思いがこもっています。いま思うと、フリーペーパーの走りですが、一度も浅草の道路に落ちているのを見たことがなかったのは、嬉しいことでした（笑）。三か月に一回、年に四冊の発行で、平成二十六年（二〇一四）まで、丸三十年間、一一八号まで出して来ました。

「江戸文化道場」の講師のかたがとても内容の濃いお話をされるので、会場にいらっしゃらなかったかたにもお知らせしようと、講談師の宝井琴梅《たからいきんばい》師匠に、毎回レポートを書いていただきました。毎号、お客さまが書いた「どぜうの思い出」という随筆を掲載していたのですが、それを読むと、昔、お祖父さまやお祖母さま、ご両親さまと「駒形どぜう」へいらした思い出などが語られていて、店が代々続くということは、うちの味を求めてお客さまも代々続いて来てくださる。実にありがたいことだと思いました。文庫本サイズで二十四ページほどの小冊子なので、お帰りの際に上着のポケットに入れて持って行っていただき、お家でひょいと手にしたときに、またどぜう鍋を食べたくなればという思いもありました。

「江戸文化道場」の企画は私が考えていますが、この小冊子を読んだお客さまから、「こういう面白いひとがいるよ」と教えていただくこともあって、本当に行ったり来たりのひとの輪の大切さを感じることができました。

『どぜう往来』は毎号、その時々のどぜう屋の商売の有り様を伝える生きた社史でもありましたが、代を継いだ倅はまた別の考えがあるようで、残念ながらいったん終了ということになりました。

これからの浅草の景観

――これからの浅草について、お考えになっていることはありますか？

渡辺　私は、浅草はまず、統一したコンセプトで町並みの景観を考えるべきではないかと思っています。「小江戸」といわれる埼玉県の川越は、蔵などで江戸の町の雰囲気を出していますし、滋賀県の長浜も、明治時代からの黒壁の古い銀行を改装し、そこを中心としてガラスショップや工房などが点在する伝統と新しさがいい感じに調和した町並みになっています。どちらにも共通するのは、「あの店であれを買いたい」とか、「あそこのあの味が忘れられない」という個々のお店のインパクトも含めて、「また行ってみたい」と思える町ですね。

——とはいっても、浅草は震災と戦災で、ほとんどの歴史的建造物が焼けてしまい、江戸の香りも明治の香りも、実際に伝えているものを探すのは、難しいですよね。

渡辺　十八代目中村勘三郎さんの「鼠小僧」の像が屋根に載っている店などが並ぶ伝法院通りは、見所のある「江戸の町」をつくって、成功していると思いますよ。浅草は、江戸時代から昭和まで、それぞれに繁華街として賑わって来たので、伝法院通りが江戸ならば、六区の通りを昭和のレトロな町並みにして、全盛当時のお芝居を楽しめるようにするなんていうのもいいのではないでしょうか。エリアごとに時代とテーマを決めて、町全体を巡ることで浅草を楽しめるような町づくりもいいなと思いますね。

現在、六区で、昭和歌謡のレヴューでロングラン公演をしている「虎姫一座《とらひめいちざ》」は贔屓にして応援をしています。「江戸文化道場」の夏の特別イベントや店のお祝いの会に登場していただくと、みなさん「浅草らしい」と喜ばれます。ああいう若いかたたちが、浅草へどんどん出て来てくれるのも楽しみですね。

難しいとは思いますが、浅草を、これからどんな景観の町にしていくか、町のリーダーみんなできちんと共通の意識をもってやっていかなければいけない時期だと思いますね。

対談を終えて

「駒形どぜう」さんが二百十五年前に創業された当時、「安くて、旨くて、早い」店として評判になったそうです。かつてドジョウは、日本中の田圃にたくさん棲んでいましたので、ドジョウ料理屋さんは、「気軽に安く栄養を摂るための便利な店＝ファストフード感覚の店」だったのでしょう。

しかし昭和三〇年代から、農薬の影響でドジョウを仕入れることが困難な時代になってしまいます。ドジョウがあってこそ、「どぜう」の暖簾を繋ぐことができるのですから、これは大変な危機でした。幾多の困難を乗り越えてドジョウの養殖に成功し、お店では昔ながらの味わいでどぜう鍋やどぜう汁をいただくことで、江戸の文化を体験できるようにされています。

いまや「駒形どぜう」さんといえば「江戸文化を食べる店」、六代目越後屋助七こと渡辺孝之さんといえば江戸文化の伝道師です。「江戸文化道場」の継続的な開催が評価されて、平成十三年（二〇〇一）には「企業メセナアワード地域文化賞」を受賞されています。

もし昭和三〇年代にドジョウを諦めていたら、こうはならなかったでしょう。江戸の庶民の食べものに文化の味付けをし、しかし過度に高級にはしない。それも「お客さまを巻き込んで面白可笑しく」というところに、私は浅草っ子の真骨頂を見る思いがします。「駒形どぜう」さんのキャッチコピーの「お値打ち」とは、単に料理と価格の間の「コスパ」のことをいっているのではなく、江戸文化を満喫できるという価値をも含めた「値」です。そういう感覚のもてる店を創り上げるために、渡辺さんが積み上げてきた努力の量は圧倒的というほかありません。

「駒形どぜう」さんが企業メセナアワードを受賞した平成十三年に、同時に「メセナ大賞」をとった会社の資本金は五百八十四億円強でした。対するに（株）駒形どぜうさんは、二千万円。そう、文化を創り成すのに資本は二千万円で充分なのです。この両社が並んで受賞されていることが、私は痛快でなりません。

（住吉）

老舗の流儀

一　とにかく、誰よりも早く起きて、誰よりも遅くまで働く。

一　どぜう料理を、江戸の風情とともに味わっていただくための店づくり。

第五話

芸どころ浅草の花柳界を支える

日本料理とは、総合的なおもてなしの文化です

◉割烹家「一直」六代目

江原仁さん

（えはら・ひとし）


1934 年浅草生まれ。

大阪今橋「つる家本店」での修業後、1963 年に六代目として店を継ぐ。

1960 年にはオーストリアに渡り、ウィーンの日本大使館で約 3 年間働き、料理人としての見聞を広める。

伝統と格式のある「一直」の味を守りつつ、料理店店主の勉強会である全国組織「芽生会」会長、

「全国日本料理組合」副会長、「東京日本料理組合」副会長などを歴任し、日本料理界の発展に貢献。

店舗情報

割烹家「一直」

いちなお

1878年（明治11）創業。

文化人、政財界人で賑わった浅草随一の料亭が装いも新たにモダンな割烹にリニューアルした。一流の料理人が腕を振るう格式ある日本料理を、ランチでも気軽にいただけると地元浅草でも評判。浅草花柳界の風情ある町で、粋な文化をともに味わうことができる名店。

今宵のバー　フラミンゴ

国際通りにある創業50年を越える老舗のバー。浅草の町の盛衰を見続けてきたベテランのマスター、蒔田昌二さんが迎えてくれる。薄暗いバーの天井には天の川の照明が輝き、LPレコードから静かに流れるジャズを聴きながらグラスを傾けていると、自然と肩の力が抜けていく。地元の旦那衆の馴染み客も多いが、仕事の流れではなく、親しいひととプライベートな時間を楽しむためにやってくる。膨大なジャズレコードのコレクションからセレクトした今宵の一枚を、上質な音響で名高い「アルテック」のスピーカーで聴かせてくれる。すべてに本物志向の店。

「奥山の桜豆腐に名は吉野　花見心で一寸《ちょ》っと一猪口《いっちょこ》」

――「一直」さんといえば、浅草の花柳界でも歴史と格式のある料亭として知られています。こちらでお店を始められたのは、いつ頃からでしょうか？

江原　うちは、創業明治十一年（一八七八）なんでございますが、当時は、「花屋敷」の隣りでやっておりました。そもそも、初代は埼玉県の鴻巣で茶店を営んでおり、「鳥松斎貞一直《ちょうしょうさいていいっちょく》」という号で生け花の師匠もしておりました。その後、二代目と三代目は、明治の初めまで鴻巣から熊谷のルートを走る乗り合い馬車を経営していたのですが、熊谷上野間に鉄道が開通すると、乗り合い馬車の需要がなくなってしまい、廃業いたしました。そして、明治十一年に東京の中心である浅草へ出て参りまして「奥山の一直《いっちょく》」として料理屋を始めました。店の名は、初代の生け花の号から取ったものですから、当時は「いちなお」ではなく「いっちょく」と読んでおりました。

奥山は桜の名所で、江戸末期の嘉永六年（一八五三）に植木屋の森田六三郎がはじめた庭園「花屋敷」もあり、四季折々に文人墨客が訪れる風流なところでした。桜の名所にちなみまして、看板料理は「桜豆腐」。新鮮な芝エビの皮を剥き、刃打ちしたものを桜の花びらに見立てて豆腐にのせ、さらに吉野葛のあんを掛けた豆腐です。観音さまへのお参りの帰りに、「桜豆腐とお酒でちょっと一服するのが粋」と評判になったと聞いております。お客さまが詠まれた「奥山の桜豆腐に名は吉野　花見心で一寸《ちょ》っと一猪口《いっちょこ》」という狂歌を色紙に書いたものがいまもあります。「一猪口」と「一直《いっちょく》」を掛けてあそんでいますが、春爛漫の奥山の風景が目に浮かぶようです（笑）。

当時は、歌舞伎の狂言作者のかたに広告のチラシを頼んだりしたようで、いまも手元に河竹黙阿弥さんが書かれたチラシが残っています。それを見ますと、「手軽お料理」という言葉がありますので、お手軽にいつでも召し上がっていただく大衆料理として出発したのだと思います。

その後、同じ場所で、お庭なども買い足しまして、数寄屋造りの大きな店を構えました。大正から昭和にかけて、祖父の四代目松三郎の時代になりますと、庶民的な店だった「一直」も各界の著名人のかたがたがお見えになる高級料亭へ変わっていきました。私の母は仏具屋の娘で、母方の祖父の本家は木挽町の仏具屋「安田松慶堂《やすだしょうけいどう》」です。その祖父、安田杏雲《やすだきゅううん》は、仏師として高村光雲《たかむらこううん》さんの内弟子であった関係もあり、横山大観《よこやまたいかん》さんや吉田芳明《よしだほうめい》さんなど、上野の美術学校のかたたちもよくお見えになりました。

祖父の松三郎は養子で、埼玉の春日部からうちへ修業に来ていた料理人です。「コマネズミの松」といわれたくらいチョロチョロと一生懸命働くひとで、それを曾祖父が気に入って祖母の婿にしたのです。この祖母は私の父たちを産んだのち早くに亡くなり、芳町の「百尺《ひゃくせき》」という料亭の養女を後添いとして迎えました。ですから、私が知っている祖母はこの江原マスです。「百尺」の息子さんが三代目市川左團次《いちかわさだんじ》で、祖母とは義兄妹という関係でした。

四代目となった祖父は、店を盛りたてるいっぽうで、料亭、置屋、芸妓の三業組合の仕切りもするなど、浅草の花柳界で隆盛を極めたひとです。その頃の「一直」は、一日、三百五十人から四百人のお客さまがお見えになり、料理人は四十人くらい、女中さんと合わせてその他の従業員が百人はくだらないという大所帯を抱えておりました。

「一旗揚げたいときは、みんな浅草へ来たものです」

江原　調理場では、一番上の風呂屋の番台みたいなところに、板前が大きなまな板を据えて座っています。その少し下には流しのついた板があって、そこにいるのが「向こう板」。そして、その横には大きなガス台とかんてき（七輪）がありまして、「煮方」がいます。「煮方」に付随して「脇鍋」がいて、その右に炭火の焼き台があって「焼き方」、そして「揚げ方」がいます。ここまでは板の間での仕事ですが、「洗い方」になると、板の間ではなく三和土《たたき》です。いつもは長靴を履いていますが、夏などは裸足です。そのほかに、盛り付けをする「追い回し」。このような構成が、東京の料理屋の調理場の一般的なものでしょうか。昔は、「お難場《なんば》」といいまして、仕事に厳しく、腕のある料理人でも生半可《なまはんか》の気持ちでは働けない店がありました。うちは「鬼の一直」、同じ浅草の「草津亭」さんは「蛇《じゃ》の草津」といわれたくらい、職人泣かせのお難場でした。

「煮方」でも、二百人分の芋を煮るのに、「鍋割り」といって三つ四つの鍋で煮ても、みんな同じ味にする名人もいました。私が子どもの頃、みんなが「オニグマちゃん」と呼ぶ浅草寺の鬼瓦に似た怖い顔をした料理人がいましたが、オニグマちゃんは卵焼きをふっくら焼く名人でした。東京の鍋は、柄を付けないので重いんですが、オニグマちゃんは、自分用に二倍の大きさの鍋を特別に作って、その鍋を首からつるして、ひとの倍焼いていました（笑）。卵だけを焼いて二十年という名人です。いまの調理人は、ひとりでなにからなにまでやらなくてはなりませんが、当時はそういう一芸に秀でた料理人を何人も使えたわけです。

昔の女中さんたちは、いわゆる仲居さんですが、店での権限がものすごくありました。それぞれの女中さんには、色気なしの気持ちひとつでお客さまが付いてくださり、一生懸命やるひとだと、給料の倍くらいご祝儀をいただいていました。各女中さんの下には見習いの女中さんたちが付いていて、お客さまのそれぞれのお好みに合わせたきめ細かいおもてなしをしていたという、そんな時代でした。

昔は、「一旗揚げよう」というときは、みんな浅草へ来たものです。銀座ではなくて、ですね。ですから、「一直」にも、いろんなひとが来たわけで、戦前、うちの玄関番をやっていたのが、共産党の初代書記長となった徳田《とくだ》球一《きゅういち》でした。あるとき、祖父母が所用で神戸に行くときに、荷物を持って東京駅まで見送ってくれたのですが、そのまま戦後になるまで消えてしまったんです。もちろん、当時は共産主義の活動は非合法でしたので、祖父母は共産党員だとは知らなかったのですが、戦後になって華々しく共産党書記長として表舞台に出てきたときは、「あっ、あの消えた玄関番だ」と、みんなでびっくりしました（笑）。

戦時中は店を閉じ、数寄屋造りの店舗を取り壊す

――子どもの頃の浅草で、印象に残っていることはありますか？

江原　とにかく六区の興行街の賑わいは、ものすごかったですね。私が「ねえや」と呼んでいた女中さんが、大のオペラ好きで、エノケン（榎本健一）や田谷力三が出ていた「オペラ館」に、幼稚園の私をチャンチャンコで負ぶって上からマフラーを掛けて、子守がてらよく聴きに行っていました。それが、私の一番古い記憶ですね。

浅草寺幼稚園の頃は、とにかくガキ大将でした（笑）。うちではお客さまがお見えになると、「千茶《せんちゃ》」（雷門柳小路の和菓子店）の柚子せんべいですとかを引き菓子にお出しするんですが、台所の缶に入っているそのお菓子をぱっとポケットに入れまして、あそびに出掛けますと、子分たちに配るわけです。そして、みんなで「ひょうたん池」に亀を捕りに行って、それをうちの庭の池に放したり、「大勝館」のチャンバラ映画の大きな看板を持って来て、黒塀の玄関の

ところに立て掛けたりね（笑）。

幼稚園の遠足で、母も付き添って豊島園に行ったことがありましたが、私は遊園地というものがぜんぜん面白くなかったんですね。それで、どこかのおばさんのあとにくっついて、ひとりで帰ってきてしまったんです。先生と母は夜まで私を探していたらしいんですが、その頃、電話なんて簡単に掛けられませんので、ようやく通じたところ、私はうちに帰ってあそんでいたわけです。大変、叱られまして、明くる日、浅草寺幼稚園から「もう、来なくていい」といわれました（笑）。

私が覚えている戦前の店は、黒板塀で囲まれた数寄屋造りの純和風建築でした。昔は、結婚披露宴はほとんど料亭でやっておりましたので、大広間もお控えの間とふたつありました。先ほども申しましたとおり、文人墨客のお客さまが多かったのが、戦時色が濃くなりますと軍属関係のお客さまが多くなりました。

戦争が激しくなり、「料理屋は不要不急の商売である」ということになって、商いをやめざるを得なくなりました。それでも、浅草の芸者衆たちが店に集まって、「大日本国防婦人会浅草第五分会」と書かれたタスキを掛けて、戦地に送る慰問袋などを作っていたようで、当時の写真がいまも残っています。

思い出深いその建物も、観音さまを火事から守るための火除け地を作ることになり、取り壊されてしまいました。いわゆる「建物疎開」ですが、当時は「強制疎開」と呼ばれていました。

玄関と建物の一部は、三鷹にあった「中島飛行機」へ迎賓館として買い上げられましたが、いまは残っておりません。

その後、戦争がいよいよ激化しましたので、祖父母は湯河原に疎開することになりました。戦争中は、湯河原の遊郭にあった通称「赤ペン」「青ペン」「白ペン」と呼ばれていた建物全体を貸し家にして、各部屋を避難民に貸していたんですね。田舎に親戚がいなくて疎開ができなかったひとたちがみなさん避難して、常磐津《ときわず》三蔵《さんぞう》さんのご家族もいらっしゃいました。

私は手に負えない悪ガキでしたので、祖父母のところにいればおとなしくしているだろうと、五人兄妹のなかで私だけ、湯河原に預けられていた時期がありました（笑）。湯河原では、真鶴沖で魚が獲れるので、お米の代わりにブリが配給されて、それがいつもの食事でした。箱根の十国峠のほうへ、ジャガイモの買い出しに行ったことも覚えています。その間も東京の空襲は激しくなるいっぽうでした。「日本料理研究会」を作って初代会長をされた三宅《みやけ》孤軒《こけん》さんが、燈火管制のなかを真っ暗な汽車に乗って湯河原まで来ては、東京の空襲の被害などについて報告してくださいました。

東京大空襲で、観音さまをはじめ浅草一帯が焼け野原となってしまいましたので、祖父は、戦後しばらくたっても湯河原から離れませんでした。それでも、「浅草の花柳界を復興させるために戻って来てください」と、既に営業を再開していた待合のみなさんが声を掛けてくださって、昭和二十六年（一九五一）、ふたたび浅草に戻って、現在の場所で営業を再開しました。

敗戦後の祖父は「これからは自分の納得できる仕事をしたい」という思いがあったのでしょう。昔の「一直」のように百人、二百人のお客さままではなく、自分の目が届く範囲の三十人くらいのお客さまをもてなす料理屋をと考えて、規模を縮小しての営業再開でした。

江戸の料理と関西の料理

――江戸時代から伝わる料理の技と伝統を、こちらではいまも受け継ぐ仕事をしていらっしゃいますが、いわゆる江戸料理と関西料理の違いはどういうところでしょうか?

江原　関東と関西の料理の違いは、おせち料理をご覧になればわかります。徳川さまの時代、江戸では参勤交代がありました。江戸に出てきた大名たちが国に帰るときに、道中で食べられるようにと箱に料理を詰めて持って行きます。当時は、保存技術が発達していませんでしたから、味の濃い煮染めにして、日持ちがするようにしていたわけです。いっぽう、京都や大阪は公家や商人の町ですから、味も薄いんです。「東京の料理は色も味も濃い」とよくいわれますが、それはこういった折詰料理と蕎麦つゆの印象が強いせいでしょうね。

昔、関東では「重詰め」、関西では「重盛り」といいまして、長い時間持ち運ぶものですから、料理の詰めかたにも工夫がされます。ひとつひとつの料理が崩れないように大きさを揃えて、お重の枠に隙間ができないように詰めるのですが、いまでも、東京の料理屋はおせちはこの詰めかたをします。これも江戸の大名料理のなごりのひとつですね。

ですので、東京の料理屋といいますのは、お土産仕事ができないと駄目だったのです。東京の料理は、「お通し」「お椀」「刺身」「焼き物」に続いて、「中皿」または「口取り」という口替わりで「おせち」のようなものが出ますが、お客さまはだいたい、刺身まででお酒を召し上がられて、あとは折り詰めにしておうちへ持って帰られます。そのお土産がご家族に喜ばれるので、家庭円満の秘訣でした（笑）。

――そういえば、僕も子どもの頃、父が宴会から帰ってくると必ずなにがしかのお土産があって、楽しみにしていた記憶があります（笑）。

江原　関東と関西の料理人の交流がまだなかった頃、関東大震災後に、「出井《いづい》」、「浜作」という関西のカウンター料理屋が銀座に相次いで開店しました。当時、東京の料理屋は調理場の仕事は楽屋裏と同じで、お客さまに見せてはいけないことになっていて、そのあいだを仲居さんが取り次いでいたのですが、「出井」と「浜作」の、お客さまの目の前で調理する「カウンター割烹」というスタイルが一大センセーションを巻き起こしました。なにしろ口八丁手八丁で、主人自らがお客さまの注文した料理を作って出すのですから、東京の料理屋はみなびっくりしたわけです。

それで、昭和九年（一九三四）、私が生まれましたときに、祖父が父に「関西に行って、どういう料理を作っているのか見てこい」といいまして、父は「一直」の名を隠して、西宮市甲陽園の「はり半」と京都の「岡崎つる家」で一年ずつ関西料理の修業に出ました。その後、父は店に戻りますと、江戸時代から続く東京の江戸前料理に関西風の要素を取り入れ、それまでの「一直」の料理に改革をもたらすことになりました。

祖父と父からは「料理屋の主人というのは、どうしても自分で包丁を握らなくてはいけない」という教育がありましたので、私も、高校を卒業してすぐに大阪今橋の「つる家本店」で三年間修業をいたしました。いまは関東と関西の料理人たちの交流も深まったことで、さまざまな食材や技法が取り入れられるようになりました。江戸料理と関西料理といった垣根は低くなって、現代の会席料理としてそれぞれの味を取り入れつつ受け継がれているのだと思います。

カラヤン全盛時代のウィーンで日本料理の仕事

——江原さんは、関西での修業のほかに、オーストリアの日本大使館に勤務されていたというユニークなご経験もおありです。

江原　父は暁星学園の出身で、同期には十一代目市川團十郎《いちかわだんじゅうろう》さん、俳優の十朱久雄《とあけひさお》さん、外交官の内田藤雄《うちだふじお》さんたちがいらっしゃるのですが、内田さんがオーストリア大使として赴任される前に、うちの店で暁星の同窓会があったんです。そのとき内田さんから「おまえ、一緒に行かないか」と誘っていただきまして、外国には行ってみたかったですし、ましてウィーンですから、「ぜひ行きたいです」とお返事しました（笑）。

ウィーンの日本大使館にはドイツ人のコックはいたのですが、あちらに滞在している日本人留学生たちのために、お正月や天皇誕生日などのお祝いの日に日本料理を出してくれればよいというお話でした。当時は、日本から日本料理の料理人を連れていくときは大使の自費でしたので、あまり生活に困っていない料理屋の息子が最適だったのではないでしょうか（笑）。それが昭和三十五年（一九六〇）のことで、あしかけ三年間滞在しました。

内田さんのお嬢さんが、いま世界的なピアニストとして活躍している内田光子さんです。まだ小さくて「みっちゃん」と呼んでいましたが、内田さんご家族の一員のような感じで、ヨーロッパの国々をご一緒に旅行したりもしました。

当時のヨーロッパの音楽界は、カラヤン全盛時代です。ベルリンフィルの首席指揮者と芸術総監督をしながらウィーン国立歌劇場の芸術監督もしていた、まさに「帝王」と呼ばれていた頃で、私は演奏会もずいぶん聴きに行きました。

指揮者の岩城宏之《いわきひろゆき》さんが、ウィーン音楽学校に留学された頃で、日本大使館にあそびに来られたときに、大使館の前で一緒にキャッチボールをしたことがあります（笑）。それから小澤《おざわ》征爾《せいじ》さんが単身で、スクーターに日の丸の旗を立ててドイツからオーストリアをまわって音楽の武者修行をされていた時期で、スクーターに乗って大使館までやって来たのも覚えています。

――お聞きしているだけでも、実に楽しそうですね（笑）。ウィーンの日本大使館ではとても恵まれた環境で、充実した時間を過ごされていたようですが、料理のお仕事はいかがでしたか？

江原　本場のドイツ料理やフランス料理も学び、料理人として見聞を広めるよい機会でした。留学生のかたたちにお出しする日本料理も、手に入る食材を使ってなんとかやっておりましたが、豆腐は大豆を買って来て自分で作りました。にがりとして使えるものはないかと探したところ、「ビッターザルツ（苦い塩）」という下痢止めの薬を見つけまして、私が薬局から大量にその薬を買って帰ったんです。そうしましたら、「日本大使館で食中毒が起こったのではないか」と心配されまして、保健所のひとが訪ねて来ました。こちらは豆腐を作っているところでしたので、みんなで大笑いでした（笑）。

地元の旦那衆に支えられた浅草の花柳界

――このあたりで、浅草の花柳界についてお聞きしたいと思います。東京には現在、芳町、新橋、赤坂、神楽坂、浅草、向嶋に「六花街《ろくかがい》」と呼ばれる六つの花柳界がありますが、そのなかで浅草の花柳界の特徴はどのようなものでしょうか？

江原　残念なことにいまは「六花街」だけですが、羽織姿が「江戸の粋」といわれた深川の辰巳芸者ですとか、多くの政財界のかたがたに愛された柳橋など、戦前にはほかにも多くの花柳界がありました。

江戸時代から浅草は、大勢の参拝客で賑わう浅草寺、猿若三座があった芝居町、そして遊女三千人で不夜城を誇った新吉原という三名所がありました。浅草寺門前の広小路では、田楽茶屋の酒客の相手に生まれ、「田楽芸者」の愛称で知られた広小路芸者。そして、芝居町の芝居茶屋では、芝居櫓の下にいるので「櫓下芸者」と呼ばれた猿若町芸者。吉原大門外の田町山谷堀界隈の編笠茶屋や船宿に出入りした、俗にいう「堀の芸者」など、それぞれの場所で芸者衆が活躍していました。

その後、明治、大正となりますと、浅草はおもに地元の旦那衆によって支えられていた花柳界だと聞いております。大正末期には料理屋四十九軒、待合茶屋二百五十軒、芸者衆（芸妓）一千六十名を抱える大所帯でしたが、関東大震災や東京大空襲で多大な被害と犠牲者を出して一時衰退してしまいました。それでも、戦後になんとか復興しまして、新見番と旧見番のふたつ見番があって、七百人くらいの芸者衆がいました。現在、浅草の花柳界には二十六名の芸者衆がおります。

「芸者さん」といいますと、お座敷でお客さまにお酌をするイメージが強いと思いますが、芸者になるにはそれは多くの習い事を習得しなければいけません。花柳流、藤間流などの踊りはもちろんのこと、唄、三味線、太鼓や笛などの鳴り物、茶道など、日々精進しています。私は思うのですが、戦後、これら日本の家元の芸を守ったのは、全国にある花街の芸者衆の力があってのことです。

戦後の浅草でも、芸者衆が鍛えた伎芸をご披露する場をなんとか作ろうと関係者一同が協力いたしまして、昭和二十五年（一九五〇）には、久保田万太郎先生が命名してくださった「浅《あさ》茅会《じかい》」の第一回公演を開催しました。その後は、浅草花柳界のみならず浅草がもっている「金龍の舞」や「白鷺の舞」などの古典芸能文化と一緒にご披露しようということになって、平成七年（一九九五）には東京浅草組合と浅草観光連盟の共催で「浅草おどり」として町をあげた催事にいたしました。

日本料理の文化というのは、総合的なおもてなしの文化です。江戸下町の風情が漂う浅草で、鍛えた芸者衆の踊りを見ながら、ゆったりとお料理とお酒を召し上がることで、さらに美味しく感じていただけるのではないでしょうか。

浅草花柳界の賑わいを取り戻す

――江原さんが店主となられてから、浅草の花柳界にとって一番厳しい時代とは、いつ頃だったのでしょうか？
江原　かつての花柳界は、どちらかといえば情報収集の場でした。芸者のいる花柳界に来てお酒を飲みながら、地方の財界や官庁の役人のかたが東京の中央省庁のかたがたと接して、政治や経済の時局報告ですとか勉強会をするといったところがありました。また、鉄鋼業界なども景気がよくて、いわゆる「社用族」のお客さまも大勢お見えでした。それが、バブルが弾けたのに加えて、大蔵省の接待汚職事件で「官官接待」が禁止となってからは、ぱたりとお客さまが減ってしまいました。

そもそも、花川戸の草履屋の旦那衆たちに気軽に来ていただいていた「一直」の敷居をがんと高くしたのは、戦後の、政財界や官庁の「社用接待文化」というものでした。そういうかたたちは自腹を切ってはお見えにならないお客さまですので、私どもにとっては打撃でしたね。

いまは、どちらの会社も接待費など出ない時代です。そのかわり、景気がよいといわれているIT企業などではお給料に接待費が組み込まれていて、接待をされるならば自分のお給料のなかからということになっているようですが、そういうかたたちでも、浅草の花柳界となりますと来ていただきにくいのかもしれません。

――日本の会社員や役人が「社用接待文化」をやっているうちに、それなりの給料をもらっているひとでも、自腹で接待するという発想がなくなってしまったのかもしれませんね。それは細かい話のようですが、花柳界に影響を与える重要な分かれ目だとも思います。サラリーマンの友人たちを見ても、お取引の関係と会食するときは自腹を切らない場合が多いですし。そのいっぽうで、商家の旦那たちが花柳界という日本の文化を育ててきた歴史もあるわけですね。

江原　昔は「料理屋」と「待合」がちゃんと分かれていましたので、料理屋で食事をしてから二次会は待合へ行き、芸者衆の芸を見ながらお酒をいただくという流れがありました。それがいまは、和風の接待をするところがみんな「料亭」になっているので、どこが料理屋でどこが待合なのかがわからなくなり、芸者の働く稼働時間が短くなってしまいました。いま、一番可哀想なのが芸者衆だと思います。せっかく厳しい修業をして身につけた日本の古典芸能を、お座敷で披露する場がなくなってしまったのですから。

芸者衆を呼ぶような料理屋が、浅草にも少なくなり、うちなども店を小さくしたので、残念ながら芸者衆が踊る場所がなくなってしまいました。いまは息子の時代ですが、なんとかしようといろいろ話し合って考えているようです。

――浅草の花柳界の賑わいを復活するために、みなさんで試行錯誤をしているところですが、もうひとひねりして頑張りたいですね。

「一直」の新しい一歩

江原　私の祖父は、「大きくなると潰れるのは、料理屋と出きもんくらいだ」とよくいっておりました。店を大きくすると、すべてのお客さまに主人の目が届かなくなるということです。「自分の目の届く範囲でやること。大きくしてはいけないよ」というのが祖父の教えでした。

息子の時代にどう繋げようかと考えましたときに、店を改築するには多大な費用がかかることがわかりました。息子は、虎ノ門の「つる壽《じゅ》」で三年間修業をしていたときに、カウンター割烹の経験もありましたので、これからはお座敷だけではなくカウンターのお席も用意しようと思いまして、規模を縮小した現在の店にいたしました。元来、東京の料理屋では楽屋裏の仕事である調理場はお客さまにお見せしないのですが、「一直」も新しい一歩を踏み出したわけです。

いまは多店舗化する時代ですが、私は料理屋の喜びというのは、お客さまに「美味しかったよ。ありがとう」といっていただくことであり、これがなによりのありがたい言葉だと思っております。そして、料理屋の主人が、自分の生業《なりわい》としている料理に対して無関心では困ります。やはり、料理というのはクラシック音楽と同じで、一楽章は穏やかに入ったら、どこかでクライマックスをご用意しなければ、料理を召し上がるお客さまには満足していただけません。強弱とハーモニーがないと、料理の献立にはならないんですね。

もともと、うちは大衆料理から始めましたのが、高級志向の料理屋になりました。しかし、いまは一見《いちげん》のお客さまをお断りする時代ではありませんので、予約のお電話さえいただければ、どなたでもお越しいただけます。最近は、楽しそうにお料理を召し上がる女性グループのお客さまも多いんですよ（笑）。

対談を終えて

花柳界・料亭が、日本の総合的おもてなし文化の代表であることは、あらためて指摘するまでもありません。しかし、その「総合性」ゆえに現代の客の側から見ると、なんだか難しそうで、敷居が高く感じてしまうのも、また事実です。

もともと浅草花柳界は、近隣商店の旦那衆が自腹で粋に遊ぶ場でした。戦後「社用接待文化」の時代が来ると、経費を会社や役所につけるようになって人びとの金銭感覚が変ってしまい、料亭のもつ総合的な文化の愉しみがわかる「おとな」が少なくなってしまいました。そして、バブル崩壊です。

そんな花柳界の変遷のなかで、料理だけではなく芸者衆の見事な芸を知ってもらうために江原さんは大変な努力をされて来ました。そのことを思うと、本当に頭が下がります。そして、カウンター割烹形式を導入して、「一見さんお断り」を改められたのも素晴らしいことだったと思います。江原さんがそういう英断をされたのは、おそらく関西や海外でのご経験があり、そして昔の花柳界のことも熱心に調べておいでだからでしょう。

いまの浅草の花柳界は、まだ戦前の賑わいを取り戻せてはいません。しかし、こういう時期だからこそ、「社用」以前の時代をご存知の江原さんのご見識がとても貴重だと感じました。

江原さんが見せてくださったアルバムは、明治から昭和にかけての浅草や「一直」のご様子、著名なお客さまの写真に満ちていてとても魅力的です。説明を聞きながら拝見していますと、あっという間に何時間もたってしまいました。貴重な、そして楽しい時間でした。

浅草の旦那の若輩者としては、まずは友人たちを誘って、観音裏の浅草花柳界を案内しようと思います。もちろん、それぞれ自腹を切って。（住吉）

老舗の流儀

一　すべてのお客さまに主人の目の届く範囲で仕事をする。

一　日本料理とは、お客さまの五感を満足させる総合的なおもてなしの文化である。

第六話

牛のヨダレのごとく商いを続ける

後を継ぐ息子たちには、ただ背中を見せてきただけです

◉浅草おでん「大多福」四代目

舩大工安行さん

（ふなだいく・やすゆき）


1941年浅草生まれ。

子ども時代から店を手伝い、大学在学中に調理師免許を取得。

1964年卒業と同時に店に入る。

1985年店を継ぎ、「大多福」四代目となる。

現在はふたりの息子さん、娘さんとともに店に立ち、お人柄そのものの温かな笑顔で応対。休日の楽しみは自然のなかに身を置くこと。

著書に『おでん屋さんが書いたおでんの本』

店舗情報

おでん「大多福」

おたふく

1915年（大正4）創業。

店に一歩入ると、馥郁たるおでんの香りに包まれる。関西風と関東風の中間の味つけが人気のおでんの名店。その美味しさと、古きよき浅草をしのばせる店内の趣きは、何度も通いたくなると評判。

今宵のバー OGURA is Bar

オグラ・イズ・バー

国際通りに面したビルの7階にあるおとなのバー。窓から見下ろす浅草の町の夜景もまた格別。マスターの小倉光清さんは、元バーテンダー協会浅草支部長というベテラン。輸入ルートを駆使して仕入れたモルトウイスキーの品揃えが充実。賑やかな浅草の町を楽しんだ1日の締めは、熟練の技が光るカクテルを味わいつつ、ゆったりとした時間に身を置きたいというかたに最適のバー。そんなおとなの風情が満ちたバーには、子どもの頃が懐かしくなる選りすぐりのおつまみが。そんなお茶目な趣向も浅草ならではの魅力。

花柳界への出前で新しい客層を獲得

――「船大工」というお名前、いつもめずらしいなと思っているのですが、こちらのおでんと同様にそもそも関西のご出身でいらっしゃいますよね？

船大工　そうです。いま関西空港のある大阪の泉佐野が船大工の先祖の地なんですが、そこで船大工をやっていたと聞いています。明治維新で、それまで武士に金を貸していた商人たちは資金を回収できなくなって、多くの店が潰れてしまいました。うちも仕方なく、祖父がそれまでの仕事を辞めて、大阪市内へ出てきたようです。

そうこうするうちに、私の父の姉が、大阪法善寺の境内に明治の中頃に開いたおでん小料理店「お多福」へ嫁いでいた縁で、同じ店を東京で開こうとこちらへやって来たんです。法善寺の「お多福」は歴史のあるお店でしたが、昭和二十五年（一九五〇）に辞めてしまったので、いまその流れを汲むおでん屋はうちだけです。

大正四年（一九一五）に、父は兄ふたりと東京へ出てきて、ここ浅草の千束へ落ち着きました。その前年の十二月に東京駅が開業していますから、鉄道網も充実しだして東京が近いものになっていたのかもしれません。とはいっても、父たちはそうとう時間を掛けて出てきたんでしょうね。屋号の「大多福」は、大阪から出てきた「お多福」であることと、「お多福」より少しでも大きくなりたいという夢を合わせて付けたそうです。関東では暖簾はだいたい藍染めが多いようですけれど、大阪出身の証として柿茶色。暖簾には故郷を慈しみ、誇りに思う気持ちが込められているのだと思って、私も大切にしています。

私の父は三代目ですが、父の長兄が一代目で、その次の兄が二代目となりました。この一代目の伯父が大変な変わり者だったそうです。若いときに南方へ行っていたせいで洋風のスタイルが体に染み込んでいて、普段は仕事着の白衣か袢纏《はんてん》だったのですが、外出するとなると黒のフロックコートに山高帽、立派な髭を蓄えたところに金縁眼鏡を掛け、手にはステッキを持って出たといいます。その洋風ごのみに大阪商人の気風が相まって、いろいろなアイデアを商売に活かしていったそうです。たとえば、店の上に火の見櫓のような高い櫓を建てて、かなり遠くからでも見える広告塔として目立たせたとかね。

――こちらの玄関は、大きな提灯と緑の植え込みでいかにもおでん屋さんという風情ですが、なかに入って奥に進むと池のある庭を設えているのが意表をつきます。これも初代のかたのアイデアですか？

舩大工　そうです。この場所に店を開いた経緯については私もよく聞いておりませんが、ある大地主のご隠居さんと知り合って、そのかたの隠居所の一隅を借りることになったそうです。最初は床店《とこみせ》だったといいますから、せいぜいカウンターに十席ほどのおでん屋でしょうね。その後、大正十二年（一九二三）九月一日の関東大震災で焼け出されてしまいましたが、床店でしたので立ち直るのも簡単。幸いなことに、家主のご隠居さんがほかの土地へ移ることになって敷地の大半を貸してくれることになりました。ですからカウンターの裏に大きな庭ができたので、いま池のあるところに座敷も造って規模を広げたようです。おでんが中心の料理屋で、座敷では寄せ鍋やフグ鍋もやっていました。そうこうするうちに、近くの花柳界のお座敷からも出前の注文をたくさんいただくようになって、おでんと茶めしのセットをお出ししたんです。お陰さまで「これを出すのはどこ？　じゃあ、大多福の店にも食べに行こう」といってくださるかたも増えて、それまでの職人さんや芸人さんのお客さまのほかに、各界各方面のかたがたにも知られるようになったそうです。

それから二十二年後、今度は東京大空襲で焼け出されましたが、焼け野原から、昭和二十四年（一九四九）に父と母のふたりで現在と同じ広さの店で営業を再開しました。戦前の店に五体あった燈籠のうち二体は復元することができたので、玄関と店のなかの庭にいまでも置いてあるんです。焼けてしまった植木のなかには、戦後になってまた芽吹いて茂ったものもあります。生命力って、すごいですよね。

話は逸れますが、うちには山形の寒河江《さがえ》出身の出前持ちがたくさんいたんです。地縁を頼って就職するうちにそうなったんでしょうね。先日、父の遺した荷物を整理していましたら、当時の証文のようなものが出てきました。飢饉のときにお百姓さんたちは泣く泣く子どもを手放さねばならず、女の子は吉原へやり、男の子は丁稚奉公に出した。前払い金としてまとまった金を親に渡し、十年なりの奉公のあいだもらえるのは小遣い銭だけです。ところが、その証文を見ていると、年季明けする途中で親がやって来て、また借財をしていくというケースがありました。それだけ農村には厳しい現実があり、当時の子どもたちは、親のためならなんとしてもという気持ちが強かったんでしょうね。

敗戦直後の混乱期の電車通学

――浅草の古い店はどこも、関東大震災と東京大空襲で二回も焼け出されて、そこからの復興を経験されていますが、昭和十六年（一九四一）にお生まれの船大工さんは、戦争に関してなにか覚えていらっしゃることはありますか？

船大工　私は真珠湾攻撃のあった年にここ浅草で生まれたのですが、物心がついたのは疎開先の浦和です。それでも、いまもときどき目の前が真っ赤になる夢を見るのは、東京大空襲の火焔のなかを逃げた記憶が深層心理としてあるのかもしれません。父は、庭の池のなかに商売に使う醤油や塩の瓶《かめ》を入れると、みんなで金竜小学校へ逃げたそうです。翌日、家族全員無事に戻ってきたところ、店はすっかり焼け落ちていて、池に避難させた瓶の中味も沸いてしまっていて使いものにならなかったといいます。仕方なく父は、浦和へ疎開していた伯父を頼って、リヤカーに家族と家財道具を積んで引いて行ったそうです。浦和はぜんぜん空襲でやられていていませんでしたから、風呂や井戸があるまあまあの門構えの一軒家を借りて住みました。おとなたちは、持って行った着物と米を交換するなど大変だったようですが、子どもの私たちにはみんな優しくて、自然のなかで駆けまわっていました。

終戦後も、そこから幼稚園と小学校に通いましたが、昭和二十四年、小学校二年生の一学期が終わって明日から夏休みが始まるという日、学校から帰るとそのままトラックに乗せられまして、浅草へ戻ることになったんです。浅草にトラックが着くと、ご近所のみなさんがわーっと寄ってきて「よく帰ってきた、よく帰ってきた。みんな元気か？」と喜んで、荷物を下ろすのを手伝ってくれました。浅草に戻るひとが増えていた時期で、みんな再会を楽しみにしていたのでしょうね。子どもたちは、私の手を引っ張ってあそびに連れ出してくれました。当時は、みんな焼け出されて住むところがなかったので、一軒の家に何世帯も入っていて、子どもは四、五人いました。おとなたちは商売があって大忙しだし、狭い家のなかには居場所もないので、みんな外であそぶしかないんです。私は大勢いる子どもたちの輪のなかに入りましてね、浦和では田圃でドジョウやザリガニを捕ってあそんでいたのが、こっちではベーゴマやメンコだのって、気持ちがすぐそっちへ行ってしまいました。浅草の町にも活気が戻って大賑わいです。上野の不忍池や吉原の池にも行って、夏休みのあいだの四十日間、朝から晩まであそんでいました（笑）。

私は埼玉大学教育学部附属小学校へ通っていたのですが、父はそのまま慣れた友だちのいる学校へ行ったほうがいいと思ったんでしょうね。あそび暮らした夏休みのあと、浦和第一高等女学校へ通う姉と一緒に、毎朝、浦和まで通学することになりました。

小学校二年生から卒業するまでの五年間、鶯谷から浦和まで京浜東北線に乗って通ったわけです。焼け跡に闇市が並ぶ鶯谷と空襲に遭わなかった浦和とはまったく違う様相でしたし、子どもながらに戦後間もない車中でいろんな社会勉強をしましたよ。当時は食糧不足で配給制の時代でしたから、みんな腹を空かせて闇米でもなんでも手に入れようと必死でした。それで、東北からの汽車が乗り入れる赤羽の駅に着くと、闇米を担いだおばちゃんたちがどっと乗って来るんですね。ある日、「手入れだ」という大きな声が聞こえると、おばちゃんたちが窓から隠していたお米を次々と投げ捨てたんです。窓から見ると、白い線がずーっと続いていて、子ども心に「もったいないな」と思いました（笑）。帰って父に報告したら、「危ないからぜったいに拾いに行ってはいけないよ。あとで回収するひとが、ちゃんといるんだからな」と諭されました。あと、車内には、乗客の同情を誘ってまわる白衣の傷痍軍人さんもいました。

——昭和四十年代まで、雷門の前にも義足や義手の傷痍軍人さんがいたのを僕も覚えています。子どもながらに、不思議な光景だと思いました。舩大工さんが、戦後の混乱した世相を電車のなかでよく見てらしたのは、貴重なご経験ですね。

十五年間、一日も休まずに働いた父

――そうしますと、お父さまが浅草の元の場所へお店を再建されたのが、昭和二十四年ということですね。

船大工　父は焼け跡に立ったときは、もう一度店を再開できるとは夢にも考えられなかったそうですが、「疎開した翌日から、いつどう再開すべきかを考えた。人間とは大したものだね」といっていました。父と母のふたりで営業を再開したのですが、父は「日本中のみんなが戦争で無に帰した。誰も同じだ。苦労は覚悟のうえで、倅が店を継ぐまで三百六十五日休まず営業するぞ」と、お客さまや親戚の者に宣言したそうです。その言葉のとおり、私が店を手伝うようになるまでの十五年間、正月元旦から大晦日まで一日も休むことなく働いていました。結婚式や組合の宴会に出ても、終わったらすぐに帰って店をやる。当時はどこもそうですが、店を開けたら昼休みなどなくてずっと開けっ放しでしたから、それは大変だったと思います。私なんて、父にあそんでもらった記憶はありません。

父は「商売というのは、牛のヨダレのようなものだ」とよくいっていました。少しずつだらだらと重ね、なお絶えることがないものだと。敗戦後の復興期、どうにもこうにもただひとりで頑張るしかなかった時期に、三百六十五日働くなかで見つけた言葉かもしれません。がたがた慌てず、真面目に少しずつやっていればなんとかなる。それが昔からやっている商売を続けることなんでしょうね。

――そういうお父さまを手伝うために、学生の頃からお店には入られていたのですか？

舩大工　商売をやっているうちの子どもはどこもそうでしょうが、学校から帰ってきたら、やれ「春菊買ってこい」とかよく使われましたよ。出前もよく手伝いました。千束一丁目のこのあたりは花街でしたので、小粋な格子窓のある芸者の置屋や黒板塀に見越しの松がある待合が並んでいました。夜になると、待合の二階のガラス障子に灯がともって髷を結った影が見え隠れして、三味線の音が聞こえてくるんです。多感な少年の心を揺さぶるような光景でした（笑）。

――いいですねえ。僕らの時代は、そういうのはまったくありませんでしたから（笑）。残念なことに、そういう風情ある家々が少しずつ廃業して取り壊されて、いまはなんの変哲もないビルが並ぶ町になってしまいましたね。そうしますと、お店を継ぐというお気持ちは自然ともたれたのでしょうか？

舩大工　おとなたちからは「ここのうちは、竈《かまど》の灰までおまえのもんだよ」といわれて育ったので、「店を継ぐのは当たり前」と、小さい頃から教えこまれていました。十五年間休みなく働いていた父の背中も教訓でした。中学の時分、試験のときなど二階の部屋で勉強をしていると、喘息持ちの父が仕事を終えて、階段を這い上がってくるんです。その苦しげな声を聞いていると、非常に悲しくなるのと同時に「早く店で働かなければいけない」という気持ちになりましたね。高校を卒業するときに「家で働くなり、奉公に出るなりする」といいましたら、父は「いまの時代は大学に行けるんだから行け。そこで人間関係を作ってこいよ」といってくれました。

私は中学から立教へ入ったんですが、大学では魚をいじれるところがいいかなと思って釣り部で磯釣りと渓流釣りを覚えました。

――ほほう、大学で釣り部だったかたって、あまり聞きませんが（笑）。

船大工　その釣り部が、秋の文化祭で模擬店をやったのですが、季節がらハゼの天麩羅を出そうということになりました。部員のなかに酒蔵の息子がいて、そこから酒だとか醤油を持ってきてね。文化祭のあいだは、部員の半分が毎日ハゼ釣りに出掛けて、夕方帰って来ると、それを全部おろして、野菜と天麩羅に揚げて出しました。それが、とても儲かりまして、終わったときにはテント三張りと打ち上げができました（笑）。

――それはそうでしょう。大学の模擬店で釣りたてのハゼの天麩羅を肴に、蔵元直送の日本酒が飲めるんですから（笑）。

船大工　大学では、そういう多少実益として残ることをしながら、せっせと友人関係を作っていました（笑）。いまでも、当時の友人たちとの付き合いは大切にしています。昭和三十九年（一九六四）に大学を卒業したとき、父には「まずは、よそへ奉公へ出ようか」といったのですが、父は「ここがおでんの日本一なんだから、うちでやるのが一番だ」といいました。私は父が三十九歳のときの子どもですから、六十歳を過ぎてもずっと頑張っていたわけです。ですので、私が店へ入ってからは、父は体力的に無理ということもあって帳場に座ったきりでした。

うちのおでんの味は体に染み込んでいますし、それぞれのタネの味つけの流れにはリズムがあって、それをずっと見てきているのでわかるんですね。ただ、私が店に入ると「倅につくことはできない」って、板場がほとんど辞めてしまったんです。古い職人たちには、そういうところがあるんです。ですから市場へ買い出しに行き、仕込みをして、ときにはカウンターに出たりと、全部やっていました。しばらくはそうしてひとりでやらなければならず、朝から晩まで働いていました。

――仕事のうえで一番ご苦労されたのは、その頃ですか？

船大工　そうですね。ただ、若さがありましたから、それほど苦痛ではありませんでした。それに私は最初から、自分は勤め人になった友だちとは違うというのがわかっていましたので、一生懸命働くよりしようがないと。そんな時期、浅草料飲組合のかたがたがみなさんご立派で、会合に行ってお会いすると、料理屋としてはこうあるべきだと肌で感じることがいっぱいありました。浅草の先輩がたには、いろいろ教えていただき、育ててもらいました。

大多福の「いじめ煮」の極意

――おでんといえば、江戸の屋台発祥の庶民の食べものですが、こちらは、創業当時から関西風のおでんを売りにして人気のお店となりました。

船大工　京料理の伝統がある関西では、醤油でものを煮るという習慣があまりなくて、薄口醤油をせいぜい最後の香り付けとして使う程度です。ですから味噌田楽のほうが一般的といいますか、いまでもおでんといえば味噌田楽を指しますね。関西では、おでんのように始めから醤油で味つけをした出汁のなかで煮るものを「関東煮き《かんとだき》」といっています。

江戸から関西におでんの煮方が伝わりますと、その地の伝統的な日本料理の手腕が加わるわけですね。おでんの基本は、第一に出汁、つゆであり、第二は具で、この両方が相まって美味しいおでんができます。関西では、昆布と鰹節で出汁をとりますが、たくさんの具が入るおでんの場合、強すぎる旨味はかえってマイナスになるので、二番出汁を使います。大事にとった出汁ですから、おでん屋では、毎日使い捨てるのではなく、注ぎ足してゆく煮方を考えて、この出汁を毎日管理するようになります。

出汁を沸騰させると、煮込みという違うジャンルの食べものになってしまいます。出汁の温度が百度を越えると、肉は煮えますが、野菜は煮崩れてしまうので、おでん屋では、出汁を一日中沸騰させずに「いじめ煮」をしていきます。これは、鍋のなかで対流現象が起こると、鍋底に落ちたじゃがいもなどが上に上がって汁全体が濁ってしまうのを防ぐためです。ですから、百度手前に保っておけば、出汁も具もじっとしている。それが、ひとつのおでんの煮方でしょうね。

おでんの始まりといいますか、串刺しの田楽スタイルから考えると、コンニャク、豆腐、芋が具の原点だと思います。ただ、鍋のなかで煮て味を染み込ませるには、これだけでは旨味に欠けるので、いろいろ工夫をこらした具が取り入れられるようになりました。

こうして関西に入って出汁と具に手を加えられたおでんが、再び東上してきたのが「大多福」のおでんなんです。うちでやっているのは、一日中追い足しする出汁を心を込めて作り、それぞれの具から互いに味が引き出るように手を加える。それをじっくり「いじめ煮」していくわけです。日本各地にあるおでん屋は、うちと同様に、その店それぞれに特徴あるおでんを作り出しているんですね。初めてのおでん屋に入られたとき、まず最初に、その具の持つ味が薄くて、出汁をよく吸っているコンニャクや豆腐、大根を食べれば、その店の味つけの具合がわかります。もしお口に合えば、その後はお好みのものを食べたいだけ食べていただき、もし合わなければ遠慮なく、それだけ食べてお勘定でよろしいんです(笑)。なんてったって、おでん屋は気軽に入っていただき、楽しく、美味しく食べていただくところですから。

おでんは、日本人の食の故郷

――自分でいうのもなんですが、すき焼きというのは「ハレ」のときにみんなで食べるというところがありますが、おでんというのは、ひとりカウンターに座り込んで日本酒をちびちびやりながら、「大将、こんなことがあってね」と、その日の出来事をこぼしたりする場面に合っていますね。(笑)。

船大工　そうですね、おでん屋というのは来るお客さまもさまざまで、そのときどきの世相を照らしているようにも思います。昭和の初めの世界大恐慌の時代は、我々の店のように、安価で手軽な店には幸いしたようです。いままで好景気で羽振りがよかったひとが、一晩で一文無しになってしまったわけですから、やむを得ずおでんでも食べなくてはならなくなった。おでんは、憂さを晴らすにはもってこいだったのでしょう。それまで、浅草に数軒しかなかったおでん屋さんが、いっぺんに二十数軒になったそうです。それだけ、みなさんが気楽に喜怒哀楽を発散できるところなのでしょう。

和食は本来、煮ものが基本です。たとえば野菜それぞれに煮加減が違うので、出汁の濃さや調味料を入れるタイミングが難しい。昔は、お嫁に来るとお姑さんからそれぞれの家の味を教わったものですよ。それが戦後、欧米文化の影響によって、ご家庭でも食材や調理器具がどんどん増えていくと、炒めるとか焼くという調理方法がメインになってきました。奥さんがたも、そのほうが簡単ですから。

そうしたときに、私がテレビに出たりして、ちょっとおでんを市民化したんです。合羽橋の道具屋からも相談を受けて家庭用のおでん鍋を作って売るようになりましたし、かまぼこ屋もおでん種をいろいろ作るようになりました。おでんというのは、ひとつの鍋でいろいろな煮ものができるので、本来、日本の家庭の食の代表である煮ものの代用になったわけです。「今夜はおでんよ」とお母さんがいえば、もうほかにおかずを用意する必要はないのですから簡単ですしね。お父さんが遅く帰って来ても、冷めずに美味しく味わえる。おでんが家庭の味として、ひとつの役割を果たしているのはいいことだと思います。

一定した大多福の味を出すための信念

――こちらのおでんは、「いじめ煮」といって百度手前の出汁でじっくり煮ていくことで、旨味を出します。口でいうのは簡単ですが、大変な手間を毎日掛けていることと思います。

舩大工　それぞれの具材に合わせて仕込みをしたタネを、出汁を対流させずに煮込んでいきます。大根なんて、下茹でも入れると三日は掛かっています。

おでんの鍋を管理するうえで、私が大事にしていることがあります。出汁は一日中働いていているので疲れてしまうんですね。それで、朝と晩に出汁を沸かしてアクを丹念にとります。また、たくさんのタネが鍋のなかをくぐり抜けているために、小さく煮崩れたものが鍋の底に集まっているので、これを布ごしします。

そして、一番大切なのは、一日一回味直しをすることです。店の主の務めとして、その一日一回の味見のために、そのときは体調を毎日一定にしていなければなりません。簡単な例としていえば、味見の前に甘いものを口にしていれば辛いと感じる方向に片寄りますし、逆に辛いものを口にしていると甘い方向に片寄るんですね。一事が万事このとおりで、自分の味覚は常に一定であるという信念をもっていないと「大多福」の味をお客さまにお出しすることはできません。

「大多福」は父の兄弟がここで始めて、戦後は父が苦労してここまで続けてきました。今度は、子どもたちにどう渡せるかが私の任務であると、店を継ぐ前からずっと思っていました。後を継ぐ者というのは、店を大きくするのではなく、まず前のものを無事に渡せるかどうかです。普通にやっていればジリ貧です。自分なりの努力をしなければなりません。そして、父から引き継いだときと同じものを渡していく。

おでんのタネというのはいろいろ種類がありますし、誰もがお好みで食べられるものでしょう。それが、おでんの良さです。お客さまがたにも恵まれて、いろいろ協力していただいて、店もいい味わいになりました。お陰さまで、息子ふたりが店に入ってくれまして、平成二十七年（二〇一五）には百周年を迎えることができました。

――それは、おめでとうございます。代々の橋渡しというのが、毎日、手間暇かけた仕込みをするということに尽きるわけですね。同じ料理屋としても、それはすごいことだと思います。

船大工 いえいえ、私はただ背中を見せてきただけです。そうして美味しい「大多福」のおでんを、お客さまにお出しすることに尽きます。

お客さまには、ときには「飲めるおつゆですから、飲んでごらんなさい」とか「飲めないおつゆだと、ひとつひとつのおでんが美味しくないんですよ」とか、角が立たない程度にいうことはありますよ。そうやっておでんの鍋越しに、大勢のかたたちと接触する姿を、息子たちに見せてきました。そんな私のやりかたを、きっとお客さまたちもまた、理解をしてくださっていると思っています。

対談を終えて

美味しいおでんを作るには、仕込みに手間が掛かります。包丁仕事はもちろんのこと、煮始めてからも「いじめ煮」といって、出汁の対流が起こらない温度で長時間煮なくてはなりません。出汁の管理も大変です。なぜ、そのような手間を掛けるのでしょうか？

船大工さんが書かれたご本『おでん屋さんが書いたおでんの本』を読みますと、「おでんの原点を忘れない」という決意が繰り返し語られています。そして、おでん屋は「人びとの心の故郷」であり、結局は「心の通い合いがある、屋台のおでんに戻って行く」といわれています。

「大多福」さんも創業の頃は、屋台に近い形態の店舗「床店」でした。その頃の精神を継いで心が通う店にしようと思うと、日々の仕事に手を抜くことはできません。そして、その精神を継いでいくためには、先代の「背中を見る」しかないのです。

ここで「そもそも」ですが、おでんの調理法である「煮る」は日本人に最もなじんだ調理法といえましょう。フランス人が「焼く」、中国人が「炒める」のに対して、水の豊富なこの国の人びとは「煮る」という調理方法を発達させて来ました。おでんは究極の煮ものだからこそ、日本人に郷愁を感じさせる温かい味なのです。

屋台から始まった、日本らしい煮もの料理であるおでんを、素晴らしいものだと思うと同時に、浅草らしいとも思います。そのために、あのように負担の重い仕込み作業が日々続けられている。

そして、その仕事と姿勢を教える方法が「背中を見せる」。実にいい話でした。(住吉)

老舗の流儀

一　ささいなことに慌てずに、真面目にこつこつ日々の仕事に精進すればなんとかなる。

一　主の務めとして、自分の味覚は常に一定であるという信念をもって一日一回の味見に臨む。

第七話

浅草六区には夢がある

決して諦めずにいれば、ここで立ち上がってまた生きられる。浅草はそういう町です

◉落語定席「浅草演芸ホール」会長

松倉久幸さん

（まつくら・ひさゆき）


1935年長野県生まれ。

1968年東洋興業株式会社社長に就任。

現在、「浅草演芸ホール」および演芸場「東洋館」会長。

浅草エンターテインメント界の中心地六区で「浅草ロック座」「浅草フランス座」を経営しつつ、
あまたの才能あふれる浅草芸人を育てる。

その間も、地元商店会「六区ブロードウェイ商店街振興組合」理事長、

「浅草西地区商店街協議会」会長を務めるなど、常に浅草のために尽力。

著書に『浅草で、渥美清、由利徹、三波伸介、伊東四朗、東八郎、萩本欽一、
ビートたけし…が歌った、踊った、喋った、泣いた、笑われた。』

店舗情報

落語定席「浅草演芸ホール」

1964年（昭和39）開業。

1年365日、いつでも落語が聞ける落語定席。

文楽、志ん生、円生も高座に上がった浅草唯一の寄席。

落語協会と落語芸術協会が10日間交互で公演し、落語のほか漫才、マジック、曲芸などバラエティーに富む番組構成。志ん朝が復活させた「住吉踊り」は、毎年夏の恒例として人気。

今宵のバー　FIGARO　フィガロ

雷門通りに面した地元で人気者のマスター、青野秀雄さんのバー。賑やかな表通りのなかで、繊細で美しいステンドグラスの入口が目印。扉を開けると、アールデコ風のお洒落な調度品が並ぶ上品な空間が迎えてくれる。隅田川をイメージしたブルーが美しいカクテル「隅田川」をはじめ、カクテルは300種以上と豊富。お酒を呑んだあとのデザートにこだわっているところもユニークなバー。地元の常連がいるカウンター席のほか、テーブル席が20席あるので、まとまった人数でも安心して入ることができる店。

浅草六区の誕生

――東京大空襲で焼ける前の浅草公園六区の写真を見ますと、立派な建物がひしめくように並んでいて、その壮大さにびっくりさせられます。「浅草演芸ホール」の前身「三友館《さんゆうかん》」の大正の頃の写真を見つけたんですが、モダンでとても立派な建物ですね。

松倉　ご存知のように、明治六年（一八七三）新政府により、日本初の公園のひとつとして、浅草寺境内が「浅草公園」に制定されます。明治十七年（一八八四）になりますと、その浅草公園が浅草寺本堂周辺を第一区として、第六区にまで分けられました。第六区となった場所は低湿地帯で、それまで「浅草田圃」と呼ばれていた火除け地です。脇に大きな池を掘って、その掘った土で埋め立ててできたのが六区で、この池が浅草のひとたちに愛されていた「ひょうたん池」です。

このとき四区とされた奥山には、江戸時代からたくさんの芝居小屋や見世物小屋が繁盛していて、ガマの油売りとか居合抜きなどの大道芸も盛んにやっていました。東京府は、これらの見世物小屋を全部、六区に移したんです。明治新政府のお役人さんたちは、浅草寺本堂の周囲や仲見世一帯をきれいに整備して、そういういかがわしい芸能を六区に押し込めようとしたのでしょうが、これがきっかけとなって浅草六区が日本一の大衆芸能の町になっていくわけですから、面白いことですよね（笑）。

明治二十年（一八八七）には、六区初の本格的な劇場「常盤座《ときわざ》」が建てられて、それを皮切りに、演劇や映画、オペラの常設館が次々にできました。その三年後、「ひょうたん池」のそばに通称「十二階」と呼ばれた「凌雲閣《りょううんかく》」が建つと、東京どころか日本中のひとたちの度肝を抜きます。パリのエッフェル塔を真似た高さ六十メートルほどの塔の展望台は観光名所となって、浅草六区はたちまち一大娯楽街となったわけです。

大正時代になると、田谷力三《たやりきぞう》や藤原義江《ふじわらよしえ》が活躍した「浅草オペラ」が一世を風靡《ふうび》します。しかし、大正十二年（一九二三）九月一日に起きた関東大震災で、六区は大打撃を受けます。六区のシンボルだった「十二階」が半壊し、危険だということで取り壊され、大道具や小道具、舞台衣装が焼かれた「浅草オペラ」も、華やかだった灯が消えていきました。

でも、そのあとに六区の六区らしさが出てくるんですね。エノケン（榎本健一《えのもとけんいち》）の「カジノ・フォーリー」、ロッパ（古川緑波《ふるかわろっぱ》）の「笑の王国」が誕生して、六区は軽演劇のメッカとなっていきます。エノケンやロッパで人気を博した軽演劇というのは、健康なエロチシズムと、ナンセンスとスピード、そしてユーモアに満ちたコメディです。この六区に根付いた独特の演芸カラーに魅せられて、興行に野心をもつ若者やコメディアン志望の若者たちが大勢やってくるようになりました。彼らにとって、浅草六区は夢の舞台だったわけですよ。

――そのなかのおひとりが、お父さまの松倉宇七《まつくらうしち》さんでいらした。

松倉　そうです。父は、明治三十八年（一九〇五）に長野県上田市で生まれて、実家は「柳田らんぷ店」という古くからやっているランプ屋でした。父は芝居が大好きで、店の手伝いをしながらも、仲間たちと田舎芝居や歌舞伎の真似事みたいなことをやっていたようです。そのうち、どうしても東京の興行の世界に飛び込みたくなって、関東大震災のちょっと前に上京したんです。当時の東京でも、興行の本場といえば「浅草オペラ」全盛期の六区です。父は、いくつかの映画館を経営していた三葉興業《さんようこうぎょう》に就職して、そこの映画館を転々とまわり、最後は先ほど話に出ました「三友館」の支配人になっていました。

――明治末年に、日本初の映画専門の劇場「電気館」が六区にできたわけですが、東京では、浅草以外に映画の封切りはなかったと聞いていますが。

松倉　それが戦後になっても、昭和三十年（一九五五）くらいまで続きました。地方の興行主さんたちが観に来て、浅草で当たった映画を地元に持って行くので、もう初日などは各館、呼び込みで大変な賑わいでしたよ。映画興行では独占企業みたいなところがありまして、それが浅草の強みでした。

日本初のストリップ常設劇場「ロック座」

――軽演劇に映画と、一大娯楽街だった六区も、東京大空襲で壊滅的な被害を受けました。

松倉　木造の劇場や映画館は丸焼けです。鉄筋の建物も枠組みだけが残っているという有り様でした。そんな状態だったので、終戦直後、父は宇都宮に疎開していまして、そこで草野稲穂《くさのいなほ》さんという実業家と運命的な出会いをします。草野さんが出資して、映画界に顔の利く父があちこちに話をつけて、宇都宮に映画館を造ることになったんです。そうこうしているうちに、浅草六区で映画館を経営しないかという話が舞い込んできて、もちろん願ったり叶ったりの父と、興行の世界が面白くなってきた草野さんとで、再び六区に戻って来たわけです。

父たちは「万世座」という映画館のあった跡地に、新しい映画館を建てる予定だったのですが、話は意外な方向へ進み、ストリップ劇場を建設することになるんですね。この話を勧めたのが、有名な秦豊吉《はたとよきち》さん。秦さんは東宝の社長を務め、のちに日劇ダンシングチームを育てるのですが、翻訳家や随筆家としても活躍していた多方面の才能をもったひとです。戦前、ヨーロッパに滞在していた頃に、ストリップショーをずいぶん見ていて、敗戦で価値観がひっくり返ったこれからの日本では、美しい女性の裸がもてはやされると見抜いたのでしょうね。昭和二十二年（一九四七）に新宿の「帝都座」で日本初のストリップショーを手掛けて大成功を収めます。これが、のちのちまで語り草になる「額縁ショウ」です。

「額縁ショウ」というのは、舞台に大きな額縁が設置されていて、そのなかにボッティチェルリの名画『ヴィーナスの誕生』のごとき美女が佇ずんでいる（笑）。最初、女性は乳房を手で隠していましたが、二回目からは秦さんの演出で乳房を露わにしたそうです。これには、当時の観客はびっくり仰天ですよ。なにしろそれまでは、「男女七歳にして席を同じくすべからず」という教育を受けていたわけですから。

この「額縁ショウ」は、「生きている絵」として額縁のなかでじっとしているのが条件で、少しでも動くと警察がワイセツ罪で取り締まったそうです。それでも裸の女性を見ようと、「帝都座」は連日、長蛇の列。この「額縁ショウ」と、押し掛ける観客を目の当たりにした父たちは「これだ！」と膝を打って、急いで劇場を建設しようとしたのですが、その先がいろいろありました。終戦直後で、材木でもなんでも建築資材が手に入らなかったんですね。たまたま、社員のなかに宮城県気仙沼出身の男がいまして、苦労していい木材を運んで来てくれたので、なんとか劇場を建てることができました。

次に問題となったのは営業許可です。当時の日本はアメリカの占領下に置かれていて、マッカーサーのＧＨＱは日本の娯楽興行を全部閉鎖していたんです。それで、父はＧＨＱの本部に日参して交渉しまして、最後は「アメリカのジャズをやります」という名目で、ようやく許可を取ったんです。

「ロック座」がオープンしたのは、昭和二十二年の八月十五日。戦争が終わってちょうど二年目です。名前はもちろん、浅草六区から取りました。木造二階建てで、客席は四百七十二席、オーケストラボックスもありました。楽団がいて、主体はあくまでマンボとかの演奏ですが、「額縁ショウ」もやる。マッカーサーの目を逃れるためですね（笑）。

日本初のストリップ専門の常設劇場として「ロック座」は一躍有名になり、入れ替え制の一日四回興行でしたが、連日、押すな押すなの超満員。そんな「ロック座」の成功にほかの興行主たちも目を見張って、「常盤座」でもストリップをやるようになり、ストリップ専門劇場として「浅草座」や「大都座」、「美人座」と次々に劇場が建っていきました。六区界隈にはストリップ劇場が十館ほど建ち並び、映画館もたくさんできて、たちまち戦前と同様に日本一の興行街になっていきました。

――次々に劇場ができて、お客さんも大勢来たということは、当時は、それだけ日本中のひとが娯楽に飢えていたということでしょうか?

松倉 戦争に負けたとはいえ、軍国主義一色から平和で自由になって、世のなかがぱーっと解放感に満ちたときに、浅草六区のストリップがその象徴だったのかもしれませんね。なにしろ戦争中、女の子はもんぺに身を包んでいたのに、舞台では腿まで出すんですから、これにはみんな驚いて日本国中大騒ぎですよ(笑)。

――松倉さんは、お父さまのご出身地である上田でお生まれになったということですが、浅草へ来たのは戦後になってからですか?

松倉 中学の途中から、こちらに来ました。父が「ロック座」をオープンしたばかりの頃です。

踊り子と楽屋風呂に入っていた永井荷風

松倉　「ロック座」をオープンしてから、一年ほどで社長の草野さんが退陣して、父が二代目の社長になりました。もともと父は、芝居が好きでこの世界に入った人間なので、裸を見せるだけでは満足できなくて、芝居を入れたんです。一時間半のストリップショーと一時間の芝居の二本立て。これが、昭和二十六年（一九五一）にオープンした「浅草フランス座」にも引き継がれることになります。

――ショーとお笑いの二本立てというのは、私も知っていたのですが、お笑いの舞台を一時間もやっていたというのは驚きでした。すごいことですよね。

松倉　演し物はコミカルな軽演劇です。役者は、ストリップに対抗できるくらいの実力者じゃないと、お客からすぐに「引っ込め」と野次られます。芸人たちは頑張って、内容の充実した芝居を出していました。ですから、「あそこへ行けば仕事がある。舞台に上がれる」と、全国からコメディアンが集まって来るようになって、なかでも特別に抜きん出ていたのが「伴淳」こと伴淳三郎《ばんじゅんざぶろう》。「ロック座」の初代座長になりました。東北訛りの「ズーズー弁」で、お客にそれは大受けしていました。

芝居の上演というのは、その間に踊り子が休んだり衣装を着替えるためでもあったのですが、大道具もしっかりしたものを作って、けっこう本格的なものでした。十日に一度は新作をかけなくてはお客が飽きますから、座付き作家も必要となります。そこで「ペンロック」という優秀な文芸部もこしらえました。作家の井上ひさしも、上智大学仏文科の学生の頃、山形の先輩である伴淳がコメディで出ている劇場とはどんなところだろうと観に来たのが縁で、うちの本書きになったんです。

――浅草をこよなく愛した作家といえば永井荷風ですが、戦後の六区には日参していたようですね。

松倉　荷風は、戦前から東京の下町を非常に愛していましたが、戦後まもなく浅草にフランス風のレヴューができたのをいち早く嗅ぎ付けて、当時住んでいた市川から毎日のように六区に通っていました。若い頃、フランスに滞在して、パリのキャバレー「ムーラン・ルージュ」や「リド」でショーをさんざん観てきたひとですから、どこか懐かしかったのかもしれませんね。

ことに一番の贔屓が「ロック座」で、私も楽屋でよくお会いしました。よれよれの背広を着て帽子を被り、天気のいい日でもコウモリ傘を持って、毎日、楽屋に差し入れに来るんです。当時、上野のアメ横では進駐軍が払い下げたものを売っていたのですが、高くて一般庶民には買えません。チョコレートやビスケット、キャラメルなどをたくさん抱えて、堂々と楽屋に入って来るので、踊り子たちも大喜びです。でも劇場の若い連中は荷風の顔を知りませんから、最初は「なんだ、あの小汚いスケベ爺さんは」なんて陰口をたたいていたんですが、噂を聞いた父が見に来て、あの永井荷風先生だということが判明して、それからは木戸銭御免（笑）。そのうちに、「渡鳥いつかえる」という人情劇の脚本《ほん》を書いてくださって、初日にはチョイ役で出演までしました。文豪永井荷風の書き下ろしで、おまけにご本人が出演したのですから大当たりです。

荷風は、田舎から出て来たばかりの、貧しくて踊り子になるしかなかった女の子たちをことに可愛がっていましたね。楽屋に座って、踊り子さんたちが急いで支度して舞台に出て行くのを喜んで見ていました。「俺は人畜無害だから」なんていって、一緒に楽屋のお風呂にも入っていましたよ（笑）。いつもかぶり付きでストリップを見て、舞台がはねると楽屋口から踊り子たちを連れて、浅草の旨いものを食べに行くんです。それでも、男はぜったいに連れて行きません（笑）。

――洋食の「アリゾナキッチン」さん、蕎麦の「尾張屋」さん、どぜうの「飯田屋」さんに、喫茶店の「アンヂュラス」さんなど、浅草には荷風の定番の席があったお店がいろいろありますね。いまでも、浅草のひとたちは「永井荷風先生は、この席に座っていらした」とよくいいます（笑）。

松倉　昭和二十七年（一九五二）に文化勲章を受章されたときに、父がお祝いの宴を設けたんです。踊り子や女優が総出で賑やかに祝杯を挙げて、女の子たちに囲まれた荷風先生は終始笑顔でした。ほかのどんなパーティよりも、嬉しかったのではないでしょうか。

浅草ストリップの黄金時代

――「ロック座」開場以来、連日満員の大人気で、その勢いに乗って「浅草フランス座」を建てたのが、昭和二十六年ですね。

松倉　そうです。戦前、父が支配人をしていた映画館「三友館」の跡地に建てまして、鉄筋三階建て、客席数は四百席。舞台も「ロック座」より大きくて、フルバンドの入るオーケストラボックスがあり、ストリップと軽演劇の劇場としては当時の日本では一番でした。その翌二十七年（一九五二）には「新宿フランス座」、三十一年（一九五六）には「池袋フランス座」と、東京の盛り場に次々と進出していきました。

昭和二十六年は、敗戦以来アメリカの占領下にあった日本が、サンフランシスコ講話条約の締結によって独立を回復した年です。あのマッカーサーも、日本を去りました。折しも前年には、朝鮮戦争が勃発して、日本経済は特需景気となります。日本の国民も娯楽を楽しみ、お酒落をするゆとりができてきました。人びとが盛り場や興行街に繰り出すなかで、なんといっても賑わったのが浅草であり、六区でした。平日でもすごい人出で、日曜や祭日ともなると押すな押すなの大盛況。六区では、通りを横断するのもひと苦労という有り様でした。

そんな時代に「浅草フランス座」がオープンしたので、大変な評判を呼びました。そうしますと、同じ六区の目と鼻の先に並んだ「ロック座」と「フランス座」に、それぞれ特色をもたせなくてはならないということになりました。そこで打ち出した特色というのが、「ロック座」では日舞風のストリップと時代劇、「フランス座」では洋舞風のストリップと現代劇です。ストリップショーといっても、踊り子が裸丸出しになるようなストリップはのちに関西方面から始まるもので、うちは乳房は見せてもあとは「チラリズム」。正当派のストリップで、それを最後まで守り抜くべく頑張ったのが「浅草フランス座」なんです。

――当時、松倉さんは、おいくつでしたか？

松倉　まだ、高校生でした。父は、私に後を継がせようと考えていたので、中学生の頃から、学校から帰ると「フランス座」や「ロック座」の手伝いをやらされていました。最初は事務所で事務の手伝いをしたり、袢纏を着て表の通りで呼び込みもしました。浅草の映画館の呼び込みはすごく賑やかですから、それで鍛えた声だけはいまも大きいんです（笑）。ガキの時分から楽屋にも出入りしていたので、裸のおねえさんを見てもなんの色気も感じませんでしたね。その頃の私は、女性の裸よりももっぱら野球に熱中していました（笑）。

――「浅草フランス座」からは、次々にコメディアンのスターが生まれました。

松倉　初代の座長が八波《はっぱ》むと志《し》で、「フランス座」の舞台で芸を磨きあげて、その後、テレビや映画の世界でスターになりました。いわば、フランス座出身のスター第一号で、そのあとに由利《ゆり》徹《とおる》、南利明《みなみとしあき》、渥美清《あつみきよし》、萩本欽一《はぎもときんいち》などが続き、みんなスターとなって飛び立っていきました。

なにしろ、ストリップ目当てのお客の前で芝居をするわけですから、面白くないと「男はもういい、引っ込め」なんて弥次が飛びます。芸人たちは、そんな弥次にひるむどころか舞台からお客をからかって挑発する。そんな当意即妙のアドリブで大受けしていました。

お客のなかには面白い人間もいまして、ことに「乞食のキヨシ」と呼ばれていた男のことをよく覚えています。浅草寺の境内かどこかをネグラにしていたホームレスなんですが、「乞食」といわれても、食べものをあさったりはしません。劇場へやって来ては「掃除をさせてください」といって、勝手に掃除を始めて駄賃をもらうんです。そして、劇場がはねると楽屋口で待っていて、踊り子たちの衣装箱を預かってタクシーまで運んで駄賃をもらう。踊り子たちみんなからも慕われて、「キヨシさん」と呼ばれていました。

そうやって稼いだお金で、毎日、朝から晩まで六区のストリップ劇場のあちこちに入り浸り。キヨシは芝居に独特の鋭い勘をもっていて、面白い芝居だと大向こうの声を掛けるんですが、つまらないとそっぽ向いて餡パンなんかを食べている。それが、芝居の当たり外れとぴったり合うんです（笑）。ですから、コメディアンたちは、初日にキヨシが声を掛けるかどうか、結構気にしていました。このキヨシが、最初から認めていたのが、渥美清です。いつも「清！日本一！」と連呼していました。そして「渥美は将来、日本一の役者になるよ」といっていたのが、実際、「男はつらいよ」の寅さんでそうなるんですから、キヨシの芸人を見る目は大したもんでしたよ。

か？

松倉　そうですね。昭和三十四年（一九五九）、六区には三十六館の映画館やストリップ劇場が建ち並んでいましたが、このピークの背後にはかげりの前兆が迫ってきていました。その前年、三十三年（一九五八）四月一日に売春防止法が完全施行されて、「赤線」と呼ばれた遊郭が日本全国から消えました。日本最大の遊郭、吉原の灯が消えたことは、隣接する浅草六区の興行街にとってもとても大きなダメージでした。当時は、六区でストリップを観たり、映画を観たりしてから吉原に繰り出すという流れもできていたのです。

さらに、三十四年四月十日の皇太子ご成婚パレードの中継、そして三十九年（一九六四）の東京オリンピックで、家庭にテレビが普及していきました。テレビ放送が始まった頃の話ですが、松竹、東宝、日活、東映、大映の映画五社が「テレビなんていつ潰れるかわからないものに、俳優も女優も出さない」ということで協定を結んだんです。そこで、出演者を探していたテレビ界の人間たちが目を付けたのは、浅草のコメディアンです。生放送の時代ですから、舞台で鍛えたコメディアンたちのほうが使いやすいので、ごっそり引き抜いていきました。そうこう

「浅草演芸ホール」の誕生

――スターが活躍していた一番華やかな時代というのは、昭和三十三、四年くらいでしょう

するうちに、家庭でテレビを見るひとが増えていくと、映画の世界も斜陽となっていきます。深夜番組で『11PM』が始まって、お茶の間のテレビに裸が出てくるようになると、「ロック座」や「フランス座」での裸の踊りがめずらしくなってきました。おまけに東京オリンピックの数年前から、海外から訪れるたくさんの外国人に日本の恥はさらしてはいけないと、警視庁は都内のストリップ劇場を徹底的に取り締まりました。お陰でお客は目に見えて減っていき、興行会社はどん底の厳しい時代となりました。

方向転換をせざるを得ないような状況のなかで、どうしたものかと思案していたところに、思いがけない話が持ち込まれてきたんです。うちの文芸部の人間が住んでいた同じアパートに、噺家の桂枝太郎《かつらえだたろう》というひとがいて、「どうだい、もう浅草でストリップという時代ではないので、寄席をやらないか」と。浅草には以前、「浅草末広亭」という落語の寄席がありましたが、なにしろ面白いコメディアンのほうに客を取られて潰れてしまっていたんです。新宿、上野、池袋には寄席はあるけど、浅草にはないので、「いいですね、やりましょう」ということで話はまとまりました。

父は、それ以前の三十四年の六月に「浅草フランス座」を大改装して、それまでの三階建ての建物を建て増して、五階建てにしていました。増築した四階と五階に「フランス座」を移して、従来の「フランス座」の舞台に手を入れて「東洋劇場」をオープンし、軽演劇の殿堂を目指したのですが、それも事情があってうまく行かなかったんです。

浅草に寄席を開くにあたって、父も悩みに悩んだ末に、「フランス座」の看板を下ろし、四階を椅子席、五階を桟敷席に大改装しまして「浅草演芸ホール」をオープンしました。それが昭和三十九年のことです。不慣れな寄席の世界でなにかと面食らうこともありましたが、なにしろ当時は、桂文楽、古今亭志ん生、三遊亭円生がバリバリの現役で高座に出ているすごい時代でした。いっぽうで古今亭志ん朝、立川談志、三遊亭円楽が若手の売り出し中で、高座のみならず楽屋でもお互いに丁々発止。面白い時代でした。

「演芸ホール」は順調にいきましたが、下の「東洋劇場」は寂れるいっぽう。四十三年(一九六八)、ついに「東洋劇場」を閉館して、「演芸ホール」を一階に移しました。空いた四、五階は落語以外の色物をやる演芸場としました。この年、父もこれまでの疲れが出たのか、私が社長として会社を継ぐことになりました。

――そういう一番厳しい時代に後継者となられたわけですが、そのとき、浅草から脱出しようとか、新宿や池袋の「フランス座」に拠点を移そうというお考えはありませんでしたか?

松倉　それは、まったくありませんね。最初から、ここ浅草で生きて行くという気持ちしかありませんから。浅草というところは、昔からいろんなどん底を経験したひとたちがやって来ては、また立ち上がって行った町です。バイタリティーがあるんですね。どこからか流れて来た「乞食のキヨシ」を劇場の人間や踊り子たちが可愛がり、そのキヨシが渥美清を見い出したというように、さまざまな人間模様が渦巻き、相互に支え合うというのが浅草の町のよさです。

浅草っていうのは、どんなひとも受け入れる懐の広い町なんですね。そりゃあ、生きていれば、人間、浮き沈みがありますよ。でも、決して諦めずにいれば、ここで立ち上がってまた生きられる。浅草はそういう町です。

六区出身の最後のコメディアン、北野武

――浅草のどん底の時代が続いているときに、北野武がやってきて、日本を代表するコメディアン「ビートたけし」になり、さらに映画監督として「世界の北野」になるわけですね。

松倉 北野武が六区に迷い込んできたのは、昭和四十七年（一九七二）の夏です。その二年前が七〇年安保で、学生運動やアングラが盛り上がっていたのが花火のように弾けて、行き場を失った若者たちが町には大勢くすぶっていました。北野武もそのうちのひとりで、明治大学を中退して将来を思い悩んで、ある意味、精神的にどん底の頃、突然、「浅草に行って、芸人になろう」と思ったみたいですね。武も足立区の下町出身ですから、「浅草へ行けば、なんとかなる」と思ったのかもしれません。浅草は夢の町。下町のひとにはそういうところがありますから。

私が面接をしたので、いまでも履歴書はありますよ。食べるものも着るものもなくて、裸一貫でやって来ましたが、着るものは楽屋の貸衣装があるし、メシは踊り子さんたちがなにか食

べさせてくれるし、楽屋の上に小さな屋根裏部屋があるから、そこで寝ればいいということになって、翌日から「浅草フランス座」の袢纏を着て、エレベーターボーイとして働き始めました。礼儀正しい若者でしたが、どこか暗い印象があって、コメディアン志望だなんてまったく思えませんでした。

武が憧れて、「このひとこそ、自分の師匠だ」と思ったのは、「浅草フランス座」の座長をやっていた深見《ふかみ》千三郎《せんざぶろう》です。深見千三郎は、戦前の「浅草オペラ館」で軽演劇の世界に飛び込み、その後、各地の劇団の舞台を踏んで、戦後はまた浅草に戻って来ました。スピード感あふれる強烈なツッコミと毒舌、客と喧嘩しながら笑いをとるという芸で、誰からも一目置かれるコメディアンでした。大勢のコメディアンたちが浅草を去って、テレビや映画の世界へ進出していくなか、深見だけは頑なに浅草六区にこだわっていたんですね。

そんな深見の芝居を、客席のうしろから懸命に観ていた武は、楽屋入りする深見に「弟子にしてください」と直訴したんですが、最初はまったく相手にされない。そのうちに深見もだんだん武を認めるようになって、芸人として育てるようになりました。「ロック座」や「フランス座」には、伝統的に伝えられているコントのネタがいくつもあって、深見は自己流にアレンジしてやっていました。それを楽屋で、武を前にひとりで全部やってみせて、さらに舞台に掛けて見本を見せる。そんな手取り足取りで、弟子に教える深見の姿を初めて見ました、それほど、自分の芸の後継者として見込んで、武を育てていたんでしょうね。そりゃあ、可愛がっていましたよ。

深見千三郎が育てた最後の芸人、北野武が独立して六区から去って行ったときは、一番辛くて寂しかったのではないかと思います。深見千三郎のコントの特徴というのは、図々しい田舎者や権力をカサにきた人間を徹底的にからかってこきおろすんですが、その毒舌ギャグはお客に大受けで、まさに「ビートたけし」となった北野武のコントそのものでした。そういう意味で、武は六区が育てた最後の浅草芸人ですね。

残念なことに、昭和五十八年（一九八三）の二月、深見は寝煙草の火が原因で自宅のアパートが火事になり、焼死してしまいました。浅草六区近くの斎場で行った葬式には、驚くほど大勢のコメディアンが駆け付けましたが、血相を変えて飛び込んで来た武が、師匠の祭壇の前でじっと佇む姿をいまでもよく覚えています。

六区には、まだまだ夢がある

――松倉会長は、浅草の黄金期を見ながら生きてこられて、最悪のどん底の時代に社長におなりになった。その間、エンターテインメント界の立て直しを図りつつ、町のためにも非常に尽力されて来ました。僕らの人生の二倍、三倍の濃さで間違いなく生きていらっしゃいますよね。

松倉　そうやっていままで来れたのも、「まあ、ここにいればなんとかなるさ」という浅草の町がもつエネルギーのお陰かもしれませんね（笑）。平成十七年（二〇〇五）にＴＸ（つくばエクスプレス）が開業して六区に駅ができてからは、新しいひとの流れができてきましたし、平成二十四年（二〇一二）に東京スカイツリーができてからは、浅草も賑やかになってきたように感じます。

外国の観光客も増えてきました。外国のかたに落語で笑っていただくのは難しいかなと思っていたら、英語はもちろん、中国語やハングル、手話で落語をする噺家など、いろいろな芸人さんが出てきました。いいことだと思いますよ。

お笑いというのは、人間を育てるし、ほがらかにしてくれます。「笑いは、なんたって一番」を信条にして、これからもやっていきたいと思いますね。そういう本人がほがらかで、賑やかな男ですし（笑）。

――現在、ご子息の由幸《よしゆき》さんが「浅草演芸ホール」の席亭として頑張っていますが、呼び込みで鍛えた会長の声は、いまも張りがあって素晴らしいです。寄席文字の看板がズラリと並ぶ六区の「浅草演芸ホール」へ来ると、僕もウキウキします。浅草は、本来、芸能の町ですから、こういう劇場はこれからも大切だと思います。

対談を終えて

一九七〇年代の浅草のどん底時代を思い起こすと、最も状況が深刻だったのは公園六区の興行街だったのではないでしょうか。戦前の浅草公園第六区の写真を見ると、その壮大さにびっくりします。「金龍館」「電気館」「帝国館」「富士館」と大層な名前が付いた立派な建物が、ひしめくように並んでいます。当時は夜間も電灯を煌々と点けて営業し「不夜城」と形容されていたそうですが、それが七〇年代には次々に廃業して真っ暗になってしまいました。戦前から今日まで生き残っているのは「木馬館」さんと松倉さんの「東洋興業」さんの二館だけです。

戦後の芸能史に残るような、お笑いのスターたちを「東洋興業」さんが多数輩出していることや、彼らがストリップショーの合間の時間に出演して芸を磨いたことは有名な話ですから、私も知っていました。しかし、その時間配分がストリップ九〇分に対して、コントが六〇分だったというのには驚きました。芸人は「ストリップに対抗できるくらいの実力者」でないと生き残れなかったのです。

劇場主・経営者となられた松倉さんは、六区が低迷しているなかで、芸人のみならず、踊り子や作家の面倒をみていくには、実にご苦労なことが多かったと思います。しかし戦前の華やかな浅草を知っている芝居好きのお父さまの夢を受け継ぎ、浅草がもつバイタリティーを信じて頑張ってこられました。そういう人生を歩んでこられた松倉さんこそ、八十歳になられたいまも、バイタリティーのかたまりです。「決して諦めずにいれば、ここで立ち上がってまた生きられる」という言葉には、実に説得力がありました。「浅草六区出身の最後のコメディアン、北野武」については、ご自身が当時の思い出を書いた『浅草キッド』（ビートたけし著）に生き生きと描かれています。巻末には、伝説の「浅草フランス座名作コント」も掲載されているので、ご興味のあるかたは、是非ご一読を。（住吉）

老舗の流儀

一　「笑いは、なんたって一番」を信条に。

一　浅草の町には、どん底にいる人間を立ち上がらせる生命力がある。それを信じて、決して諦めずに生きていれば、またいい日がやってくる。

第八話

ごはんにも、日本酒にも合うのが洋食

昔の華やかな浅草を知っているぶん、町をなんとかしなければだらしがない

◉洋食「ヨシカミ」二代目

熊澤永行さん

（くまざわ・ながゆき）

1938年浅草生まれ。学生時代より店を手伝い、1961年に「ヨシカミ」を継ぐ。「厳選素材」「基礎から手作り」「オープンキッチン」「日本人の味覚に合わせる」をポリシーにした独特の風味をもつ洋食を作り続ける。華やかだった浅草六区の賑わいを取り戻すべく、浅草公園町会長、協同組合浅草商店連合会副理事長、六区ブロードウェイ商店街振興組合副理事長などを務め、地元に尽力する。

店舗情報

洋食「ヨシカミ」

1951年（昭和26）創業。

六区興行街のひとつ裏通りにある、「旨すぎて申し訳ないス！」のキャッチコピーでお馴染みの人気洋食店。地元のひとはもちろん、芸人、観光客、家族連れなどで賑わう店内は、レトロな昭和のムードに満ちている。

今宵のバー FOS フォス

観音裏の浅草花柳界にひっそり佇むオーセンティックなバー。元は踊りの家元の民家を改装したバーは、どこか隠れ家のような雰囲気が漂う。木の格子の引き戸を開けて玄関に入ったら、靴を脱いでお上がりを。磨き込まれた木の床からの温もりを感じながら、バーカウンターの前に腰を下ろすと、京都風に設えた坪庭の緑が心を癒してくれる。甘いマスクのマスター、森崇浩さんが作るカクテルはどれもスタンダードな絶品。場所柄、浅草の芸者衆が「あとくち」で来ているのに遭遇するかも。店名はForest On the Sea（海に浮かぶ森）から。靴を抜いで自宅のように寛げるバーには、また特別の時間が流れている。

風情のあった戦前の六区

――熊澤さんのお店は、創業当時からずっといまの場所でやっていらっしゃるのでしょうか？

熊澤　そうです。六区のひとつ裏のいまの土地に、祖父母が大阪から来て店を構えたのは、大正十一年（一九二二）頃です。翌年、関東大震災に遭って店は焼けてしまいましたが、すぐに建て直して商売を再開したようです。一階が射的場、二階がビリヤードの「小金軒《こがねけん》」という店で、あの当時、いちおう三階建てのそこそこ大きいうちでした。

当時の六区には、映画館や劇場が三十くらいあって、そのうち十くらいがレヴューや軽演劇の実演をしていたので、そこに出ている芸人さんたちが息抜きにうちの店にあそびに来ていたようです。太平洋戦争が始まると、軍の指令で遊興商売は駄目だということになって、一時は注文服のテーラーをやっていましたが、いよいよ戦争が激しくなって生地も入手できなくなると、一階の店は閉めたままという状況でした。

私は、昭和十三年（一九三八）十二月の羽子板市の晩に、浅草寺病院で生まれました。戦前の観音裏あたりは夜になると真っ暗で、怖くて通れないんです。それが羽子板市で煌々と明るかったので、「ただひとつの親孝行だった」とよくいわれました（笑）。

小学校に上がる前のことですが、朝はよく、祖父母と「ひょうたん池」まで散歩しました。藤棚のある橋を渡って行くと池の真ん中にはお茶屋があって、そこで麩を買ってもらって鯉に餌をやるのが楽しくてね（笑）。

――浅草の古い写真を見ると、当時の観光名所だった「浅草十二階」（凌雲閣《りょううんかく》）の手前に大きな「ひょうたん池」が写っていますよね。現在の六区からは想像できない、風情のある風景だなあと感心します。

熊澤 「いわしこー、いわしこー」という鰯売りや、「なっとー、なっとなっとうー、なっと」という納豆売り。そういう物売りの声で目が覚めていましたから、私の子どもの頃は表通りと違って路地裏文化がありました。戦争が始まったとはいっても、大衆娯楽がなかった時代ですから、六区にはすごい勢いでひとが集まっていました。「電気館」と向かいの「帝国館」、そして「富士館」の三館が松竹の封切館で、そこの最初の回の開始のベルがビーンと鳴って、呼び込みの声で目を覚ますこともあったので、かなり早くから映画の興行をしていたと思うんです。

うちには内風呂がありましたが、祖父も父も必ず「蛇笏湯《じゃこつゆ》」に行っていました。子どもの私は、すぐそばにあるレヴューの「常盤座《ときわざ》」の楽屋口や「電気館」の機械室の入口から出たり入ったりしていたわけですが、朝、十時くらいになると楽屋風呂の一番風呂が沸く。沸かしたてのお風呂っていうのは、湯がたっていて肌に悪いっていうんで、「坊主、風呂沸いたぞ」って呼ばれるんです。「あっ、そう」なんて返事して、手ぬぐいひとつぶら下げて行く、ずいぶん贅沢な子どもでした（笑）。

　空襲が激しくなると、浅草寺の裏に大きな防空壕を造るようになりました。その頃、商売の一線を退いて千葉の市川に隠居所を構えていた祖父母から「そんな危ないとこにいないで、こっちへ来い」といわれて、小学校の入学を機に市川に行きました。祖父母には娘ばかり四人いて、長女が戦後、洋食屋「ヨシカミ」を始めました。「ヨシカミ」というのは、その伯母の旦那の名前です。うちの母は次女ですが、長女の伯母には子どもができなくて、長男の私の次に弟が生まれたとき、「長子相続」ってことで祖父母の籍に入れられたんです。戸籍上は母親や伯母たちと姉弟になって、私だけはずっと祖父母と市川で暮らしました。

多忙を極めた大学時代

熊澤　昭和二十年（一九四五）の春に市川の真間《まま》小学校に入学して、小さいながらに軍事教練があったり、皇居の方角に向かって敬礼する「皇居遥拝《こうきょようはい》」なんてしていたのに、終戦となって夏休みが終わったとたんに教育方針ががらっと変わってしまいました。
　二年生になると、外地から引揚者が大勢帰ってきて、近くにあった国府台連隊の兵舎が引揚者の寮になったものだから、子どもたちがどんどん学校へ入ってきました。一学級が八十人で、教科書も教室も足りなくて、午前組と午後組にわかれて勉強をしていました。そういう時代でした。

市川では、持って行った着物と米を交換するだけでは足りなくて、祖父が庭に畑を作って季節ごとに野菜を育てていたので、畑仕事をずいぶん手伝いました。ヒヨコから育てたニワトリも飼っていて、卵もとっていました。お客が来ると、ニワトリをつぶして鶏鍋にして振る舞うんです。友だちの家の牧場に誘われて、乳搾りをしたこともあります。一升瓶に搾りたての牛乳を入れてもらって、飲んだりしていました。戦中戦後の食糧難の時代でしたが、お陰で栄養失調にはならずにすみました。

昭和二十一、二年頃の八月、夏休みに、京成電車は走っていましたけどあてにならないというんで、祖父と藁縄をリヤカーに積んで市川から浅草まで引っ張って行きました。浅草に来てみたら、あたり一面焼け野原でなにもない。これには驚きました。東京大空襲で焼け出された親たちは、うちの町会のひとたちと「花やしき」のコンクリートの焼け残った一隅を借りて、避難所住まいにしていました。

店の焼け跡に杭を打って藁縄を張って、自分の土地の目印にして、そこにみんなで力を合わせてバラックを建てて、とにかくいまの場所の一角で細々と商売を始めたのが「ヨシカミ」です。

そのとき「ひょうたん池はどうなっているかな」と見に行ったら、どぶ泥になっていて焼け跡の残骸がたくさん放り込まれていました。子ども心にも「この池、どうするんだろう。昔のように戻すには、どれだけ日にちが掛かるんだろう」と思いましたよ。

――戦後も、ずっとお住まいは市川だったんですか？

熊澤　そうです。中学高校は開成へ進んで、市川から通っていました。浅草の店はいまの半分くらいの広さでやっていましたが、とても賑わっていて土日は猫の手も借りたいほどだったので、高校生のときは、学校帰りにお運びくらいは手伝っていました。

祖父母からは「おまえの好きなことをやれ」といわれていたし、私も大学は理工系に行って技術者になるつもりで、浪人時代は入学金を貯めるために身を入れて店の手伝いをしていました。結局、慶應の法学部に進学したんですが、入ってすぐに「法律は自分に向いていない」とやる気をなくして、落第点を取らないように学校の勉強をしながら、ほかの道を探すことにしたんです。いろいろ考えて、どうせならクリエイティブな仕事がいいなと、商業デザイナーになろうと思ったんです。そしたらうまい具合に、あるデザイナーから「スタジオに来て、手伝ってくれないか」といわれて、レタリングやキャッチコピーの作りかた、構図の描きかたなど、ひとつひとつ課題をもらってこなしていきました。子どもの頃から、絵を描くのは好きでしたから。大学の勉強もして、店の手伝いと、商業デザイナーの手伝いもして、それは忙しかったですね（笑）。

店は伯母がひとりでやっていたのですが、チーフから「大学の勉強もいいけれど、せっかく店に来ているのだから、料理の基本的なことは見ておいたほうがいいよ」といわれたんです。それで、包丁の使いかたとか、細かいことまでよく教えてもらいました。あるとき、チーフから「ブイヨンの本格的な仕込みを教えてやるから、明日の朝早く来な」っていわれて、朝の七時くらいに店へ行ったんです。そしたら、流しに牛の生首がぼんと置いてある（笑）。「えー」ってびっくりしたら、「こんなもんで驚いていたら、料理はできない。ここからスープ取って、タンシチューのタンも取るんだよ」って、レザーを渡されました。熱い湯を沸かして頭から掛けて毛を剃って、トンカチとノミで頭蓋骨を割って。そういう荒っぽい教わりかたをして、最初は気味悪いと思いましたが、だんだん面白くなっていったんですね。

そうこうしているうちに、昭和三十五年（一九六〇）、私が大学三年の九月に伯母が倒れてしまったんです。いまの店に建て替えたばかりでした。それで「様子がわかっているおまえが、しばらく店をやってくれ」と頼まれて、「大学はどうしようか」と思ったけれど、まわりからは「なんとかなるだろう」といわれて（笑）。それから一年くらいして伯母が亡くなって、「もう仕方がないや、新しい後継者を見つけるまで、当分、自分がやらなくちゃいけないな」と思って、現在に至るわけです（笑）。

――しかし、お聞きしているだけでも大変お忙しい学生時代だったんですね。

熊澤　そういうふうにずっとやって来ているんで、自分では苦にならない。かえって暇でぼけーっとしているのが嫌なんですよ。

洋食の味のベース

熊澤　やはり職人さんがたくさんいる店というのは、アタマが変わると古いひとは残ってくれても、若い連中はいっせいに辞めていきます。そこで新しい子を入れても、古い職人さんは「見て覚えろ」と教えないので、なかなか居着かないんです。それなら、私が基本から仕事を全部覚えて、店に入ってくる若い子に教えていけばいいと思って、二年半くらいは「俺を同僚と思って動けよ」と、一緒になってひとつひとつ仕事を覚えていきました。私ならわからないことも「これ、どうやったらいいのよ」と聞けますから。そのときもデザイナーの道は諦めきれずにいて、合間をみてはちょこちょことデザインの仕事もしていました。

浅草にはたくさん洋食屋さんはありましたが、ご当主やチーフが頑張っているときはいいんだけど、引退したあとその味はなかなか受け継がれないんですね。そこで、調理場の人間が「ヨシカミ」の味をきちんと身につけられるようにローテーションを作ろうと思ったんです。

どこの調理場もそうでしょうけど、チーフが全体の責任者となって、下の者たちには店で働いている年数に応じて仕事を出して、順番に仕事を覚えさせて上へあがっていくわけです。でもそれだと、チーフがなにかあったときは困ります。平等に、何年間この仕事をしたら次の仕事に進むというシステムを作って、上に行くほど担当する仕事が増えてくるので、その分だけ手当も増えていくというローテーションにしたんです。最初は、チーフもむくれていたけれど、「味の最終責任は、あなたに任せるから」と説得して。そういう方法でずっとやって来ているので、うちの職人はあまり辞めないんです。

若い子たちがちょうど育ってきたところで、「もう口うるさいから、表に出てお客さんの相手してくださいよ」ということになって、いまに至っています。

――洋食というのはすき焼きと同様に、日本の食文化が生んだ独特のものだと、僕は思っているんですけれど。

熊澤　うちは、形式ばってやってきた料理ではないと思っています。たとえば、本格的なハンバーグがごはんに合わないとなると、どうしたらよいかと取捨選択して作っていく。そして、ああ、これなら日本酒にも合うなと、ひとつひとつ仕上げて来ている料理が多いですね。

――ごはんに合わせ、日本酒にも合わせるのが「ヨシカミ」の洋食の味。

熊澤　そうです。昭和二十六年（一九五一）前後、私が中学の時分に店を手伝っているとき、食材といえば、アメ横あたりに出たPXの流れものをブローカーのひとが買って卸してくれる程度で、それ以外はなにもなかったんです。「ここは白ワインを入れるべきだけど、ないからできないな」って困っていると、チーフに怒られるわけ。「それなら、日本酒があるでしょ」と。当時のチーフは、旅客船で仕事をしていた本格的なフランス料理のコックでしたが、調理場にあるものを使ってうまくやっていました。

——それは面白い話ですね。

熊澤　ヤキメシを作るときでも、煽ってちょっと塩加減というのが難しいんです。そうすると、チーフはぽんと醤油を置いてくれる。醤油をさっと入れると、塩加減がほどよくて照りも出て美味しくなる。「ああ、こういうことなんだ」と思いました。こうやって、洋食の味のベースができあがっていくんですね。だから、料理にはイタリアンがあってフレンチがあるように、洋食という部門がなくてはならないと、私は三十代の頃から叫んでいました。

——最近は洋食屋というのはポピュラーな存在になっていますが、そういう時代もあったんですね。

裏通りの店に付加価値を付ける

——五十年以上、六区の近くでお店をやってこられて、熊澤さんは浅草が賑やかな時代も寂しい時代も見てこられたわけですよね。

熊澤　昭和二十五年（一九五〇）に朝鮮戦争が勃発し、いわゆる「朝鮮特需」で六区の興行街がかつてのような賑わいになりました。女性には失礼なものいいになるかもしれませんが、昭和三十二年（一九五七）に「売春禁止法」が発令されて赤線が廃止になるまでの浅草には、「観音さま」と「六区の興行街」、そして「吉原」の黄金のトライアングルがありました。まずは家族そろって観音さまにお参りして、六区でお芝居や映画を観たあとは、その界隈で、お父さんは一杯飲みつつみんなでごはんを食べる。そのあとお父さんは「じゃあ、これから組合の寄り合いがあるから」なんていって、お母さんも「ここまでやってくれたんだから、しょうがないわね」と心のなかで思って、お父さんだけ向こうへ消える（笑）。これで夫婦円満、家族仲良くが半年は続く。そんな意味合いで浅草は愛されていたんですね。それが、吉原にもひとが足を向けないようになって、陰にこもったSEX産業の町のようになってしまいました。

さらに昭和三十九年（一九六四）のオリンピックを機に、一気に不景気となってしまって。それでも、昭和四十二年（一九六七）頃までは、なんとか興行街は支えられていましたが、松竹が撤退して映画館、劇場が閉館すると大きな箱物がカラッポになってしまい、夜は怖くて町を歩けないような状況になりました。表通りの大店と違って、うちのほうまでひとがなかなか入って来ないので、お客さまも激減しました。店を閉めるのは簡単だけれど、もう一度なんとかするにはどうしたらよいか、ずいぶん悩みましたね。

お陰さまで、いままでのお馴染みさんはたくさん残ってくださいましたし、映画館は駄目になっても、革屋とか靴屋とかまわりの地場産業はまだ非常に盛んでしたから、そこの旦那衆が来てくれたのは助かりました。それでも、一般のお客さまがぜんぜん来なくなってしまった。そこで、せっかくここまで辿り着いてくれたお客さまが、印象をもってくれる付加価値を店に付けるにはどうしたらよいのか。「食いもの屋だから美味しくて当たり前。美味しいのを売りものにしても面白くも可笑しくもない」と自分自身で戒めながら、いろいろ考えました。

たまたま「ヨシカミ」に来たら、「美味しかったし、可笑しかったよ」といわれるようなものをと考えて、差し上げたときに「ハハハ」と笑ってもらえるマッチを作ることにしたんです。幸い、四季折々にある浅草の行事に関連したマッチを作って渡したところ、意外にも評判がよかったんです。


――お店でいただくマッチをコレクションしているひとって、ずいぶんいましたよね。デザインはご自分でなさったんですか？


熊澤　マッチ屋と「ああしよう、こうしよう」といろいろ相談して作りました。いまも作っているんですけど、昔ほどマッチに関心をもつひとがいなくなってしまいましたね。

そうやって、店にお客を呼ぶ方法を考えてひとつひとつ火が付いていくと、いよいよ忙しくなって、それまで並行してやってきたデザインの道を諦めなくてはならなくなりました。そのときは、悔し涙で泣きましたよ。でも、いったん諦めたからには、「よし、自分の店のデザインをいろいろやろう」と、店内に貼るポップを作ったりもしました。

伯母が、昭和三十五年に店を建て替えたときも、浅草の迷路を辿って裏通りまで来てくださったお客さまのなかには「やっと辿り着いた」というかたが多かったので、「じゃあ、目標になるようにぱっと目に止まるようなデザインを心掛けよう」と、いまのような店の形になったんです。入口にオレンジとチョコレートの基本カラーを作ったのは、マクドナルドよりうちが前です（笑）。

――お店のあちこちに、熊澤さんの商業デザイナーとしてのセンスが活かされているんですね。入口の「旨すぎて申し訳ないス！」というキャッチコピーも、浅草ではお馴染みです。

熊澤　昭和モダンの言葉で、当時は「こんちはス！」とか「おはようス！」とか、必ず「ス」を付けたもんです。下町の洒落ですね。

「日本一の娯楽の中心地」といわれていた浅草の興行街が寂れてから十五年。長かったけれど、回復の兆しが見えたのは、昭和五十三年（一九七八）にNHKの朝の連続ドラマで、浅草出身の女優、沢村貞子さんの半生記『おていちゃん』が放送されてからですね。下町レトロブームが出てきて、若いひとたちが町を歩くようになりました。松竹が撤退した跡地には複合商業施設「浅草ROX」、「浅草国際劇場」の跡地には「浅草ビューホテル」ができて、町の雰囲気も変わってきました。

平成十七年（二〇〇五）八月、六区につくばエクスプレス（TX）浅草駅が開業してからは、新しいひとの流れができてきました。これまでは交通の便があまりよくなかったし、「浅草の人間って威勢がよくて、どこか怖い」というような概念があって、近寄りがたいところもあったような気がします。

――世間では、三社祭で大声出しているイメージがあるのかもしれませんね（笑）。やたら年中行事が多くて賑やかな町ですが、なんの祭事もない静かな浅草の町をゆっくり歩いていただくのもいいですよね。

「浅草に行けば、ヨシカミがある」

――六区の興行街が寂れた最悪の七〇年代に、なぜ浅草に踏みとどまろうとされたんでしょうか？

熊澤　本当は、浅草の店をやめて外に出てみようかと思った時期もありましたよ。支店を二軒くらい計画しましたが、うちのように注文を受けてからすべて手作りで提供する形態だと、費用が掛かるわりにはあまり儲からないんですね。浅草の店と同じ職人をまわしても、その土地に味が合わなくて、どうもお客が広がってこない。これは難しいなと思いました。そしたらちょうど、外食産業がばーっと広がった時期だったので、「一緒になってほかの店と同じことをやったら、資本力でうちは絶対負ける。対向するには、平行線で頑張ってやろう。あっちが多店舗展開するなら、うちはここ浅草でずっと頑張ってやろう」と性根を変えたんです。「浅草に行けば、ヨシカミがある」っていうのを特色にしようと。

市川店だけは二十五年間やっていたのですが、平成二十一年（二〇〇九）に閉じました。その後、お話をいただいて、羽田空港第一ターミナルのフードコート「東京シェフズキッチン」と地下鉄東西線南砂町駅前の「ＳＵＮＡＭＯ」にフランチャイズ店を出していますが、価格とメニューを浅草の店とは違う方向で見直して、手作りでリーズナブルをコンセプトにしています。こちらの店で「ヨシカミ」を知ってくださったかたが、浅草に来て観音さまのお参りがてら、うちにお寄りいただけたらいいなと思っています。

あとは、昭和六十一年（一九八六）にテレビ朝日の『愛川欽也の探検レストラン』でうちを紹介していただいたのが、ありがたかったですね。放送した翌日は、開店前から信じられないくらいの大行列ができていました。いままで一週間分として仕込んでいた量が三分で売り切れるという日が続いて、「ハヤシライスといえばヨシカミ」というひとつの看板ができました。ハヤシライスは、その後もニチレイが絡んで冷凍食品のプロジェクトが進んだんです。私も月に一度の企画会議に参加して、二年半いろいろ試行錯誤をした結果「これならいい」というのができて、売り始めたら火が付きました。店ではすべて手作りで励んで、冷凍食品は浅草まで来られないかたに食べていただこうという意識でやっています。

――それは、「ヨシカミ」さんが本物の洋食の味を作っていたからこそですね。しかし、六区が衰退してから、なんとかお客さまを呼び戻そうとされた努力と発想は素晴らしいですね。

熊澤　自分が生まれた町だし、昔の華やかな時代を知っているぶん、このままショボショボとなって野原だけが残るようでは私たちがだらしない。なんとか町のお手伝いをしなくてはと思ってお役目をいただいたときに、役所が中心となって進めるのではなく、この通りに住んでいる地元のひとも声を挙げて一緒にやっていこうと呼び掛けました。自分の店だけのことをやってショボンとしていてはいけないって。そういうことで、お互いに広く世間が見られるようにもなりました。

――熊澤さんは、とんでもない状況に次々放り込まれて、そのときは平気ではないのでしょうけれど、それを受け入れてやってしまうところがすごいですね。

熊澤 そういうときでも「なんとかなるさ」という気持ちが常にありますね。浅草という町は観音さまに守られているし、自分は三社の氏子なんだなっていうのはつくづく感じます。

――今回、浅草の先輩がたにお話を聞いていると「なんとかなる」というかたが多いのですが、僕はまったく違うタイプですね（笑）。平成十三年（二〇〇一）のBSE問題のときは、店の売り上げが半分になって、三年くらい元に戻らなかったのですが、「なんとかなる」とは思えませんでした。冷暖房からなにから経費を見直すとか、後ろ向きのことはいろいろやりましたが。これは、世代の違いによるのかもしれませんが、「浅草っ子」としてひとくくりにはできませんね。

熊澤 はっきりいえることは、自分が苦しい思いをしているとき、ひとりで苦しむのは嫌だから、誰かを巻き込んでやろうというのがあります（笑）。足を引っ張るというのではなくてね。そうすると、ひとと共通認識ができて親しみが沸くし、解決策も見えてくるものです。そりゃあ、失敗して嫌になることもありますよ。でも、私の場合は、風呂のなかで「うわー」って大きな声を出しておしまい。二度と同じ失敗をしなければいいんです。どうせ、相手だって忘れてしまうんですから(笑)。

――熊澤さんは、いまでもホールの仕切りをバリバリやっていらっしゃいますよね。

熊澤 先ほどいったローテーションシステムをとっているので、基本的な料理や接客に対する姿勢については「これだけは気をつけろ」ということはいいますけど、ミーティングを開いて「あぁせい、こうせい」というようなことは一切やらないんです。たまたま私が店にいるときに、お客さまに対して失礼なことがあれば、その者を名指しにはしないで、全員に「お金を出してものを食べるお客さんの気持ちになってみろ。こんなことされて、いい気持ちするか?」って、そういう怒りかたをします。

お客さまに再三再四来ていただくには、きちっとした接客態度で失礼のないようにするのが一番です。お客さまとカウンター一枚隔てて、自分たちはサービスを提供する人間であることを忘れるなというのが基本ですね。その代わり、「自分のご親戚のおじさん、おばさん、隣り近所のひとたちが来たつもりでサービスしなさいよ」といっています。そうすれば、自然と失礼な応対はできませんし、改まって「いらっしゃいませ」なんてやるのはうちの店らしくありませんから(笑)。

――あまり慇懃《いんぎん》無礼《ぶれい》になってはいけない。気兼ねなく入れるお店というのは重要ですよね。熊澤さんのところは、お嬢さんばかり五人いらっしゃいますが、四番目のかたが、料理人の吾《あ》妻弘章《づまひろあき》くんと結婚されて、「ヨシカミ」の味を継がれています。これからも楽しみですね。

対談を終えて

日本の町の洋食屋さんは、かつて導入したフランス料理をひたすら「日本人の舌に合うように」、「ごはんや日本酒に合うように」と念じて改良し続けて来ました。戦後の窮乏時代に洋風の食材が揃えられず、仕方なく和の食材を使ったことも、洋食が日本風の味になっていった一因のようです。このことは今回初めて知りました。

六区の一本裏の通りにある熊澤さんのお店は、一九七〇年代、興行街の衰退で苦境に立たされました。そのとき「ほかの土地に移ろう」と考えてもおかしくはなかったと思います。興行街の人出によって、お店が繁盛されてきたところもあったのですから。

しかし熊澤さんは「せっかくここまで辿り着いてくれたお客さまが、印象をもってくれるように」、つまりリピート来客をなんとか増やすことを考えました。それは経済合理的とはいい難い選択かもしれません。でも、三社の氏子だから「なんとかなるさ」、「なんとかしなければだらしがない」の精神と、すべての料理に驚くほどの手間を掛けることで生き残りました。

懐かしいその味は、東京に生まれて故郷をもたない都民二世や三世の心を離しませんでした。六区の興行街にはかつてほどの賑わいがなくなっても、多くのひとが洋食を求めて通ってくれるようになったのです。浅草の洋食って、近代東京そのものだと私は思います。

そして、「だらしがない」という言葉は、最近あまり聞きませんが、浅草のひとらしい言葉なんだと思います。（住吉）

老舗の流儀

一　ほかの店と同じことをやるのではなく、**平行線で頑張って「独自の売り」**をつくる。

一　お客さまに**通って**いただく**店**にするには、**自分の親戚や近所**のひとに**対する**ような**失礼の**ない**接客**をすることが**一番**。

第九話

「履物の町」浅草で職人がいる履物店

私自身が、浅草で履物屋をやりたいという気持ちが大きかったからですね

◉和装履物「辻屋本店」四代目

富田里枝さん

（とみた・りえ）


1965年浅草生まれ。

編集プロダクションで編集の仕事をしたのち結婚。

2004年家業の「辻屋本店」のホームページを立ち上げるなど、店を手伝う。

2011年四代目として「辻屋本店」を継ぐ。

日常着として着物を着る機会があまりないなか、いまの時代に合った和装文化を広げるべく、さまざまなイベントを企画するなど活躍中。

店舗情報

和装履物「辻屋本店」

つじやほんてん

1912年（大正元）創業。

浅草らしい粋でお洒落な下駄や草履、雪駄などが豊富に揃っている名店。

いずれもお好みの台と鼻緒を選んだら、足にピッタリ合うように職人が鼻緒をすげてくれる。

履き心地のよい履物は、万一の場合は修理もしてくれるので、長く愛用できる。

今宵のバー　Bar March｜マーチ

雷門通りから1本南の静かな路地にあるカウンターだけのバー。闇のなかに美しく輝くブルーのネオンサインに誘われてドアを開けると、この店のシンボルであり、マスターの小南昌彦さんがこだわって自ら活けている純白のカサブランカが迎えてくれる。ウイスキーの品揃えも豊富。上質でシックなおとなの空間に身を置き、格別な浅草の時間が過ごせること間違いなし。お通しのピーナッツをつまみつつグラスを重ねたら、マスターに「なぜ純白のカサブランカが、この店に似合うのか」を尋ねてみるのもよいかもしれない。その答えはいかに……。

新仲見世から六区の映画館通りがあそび場だった

――富田さんは僕と同学年なので、若手であり唯一の女性経営者としてご登場いただきました。僕は浅草小学校ですけれど、富田さんとは学区が違いましたよね？

富田　住まいが猿若町のほうだったので、私は富士小学校です。住吉さんとは塾が一緒だったので、お顔だけは知っていました。

――同じ浅草っ子として、子どもの頃に印象に残っていることってありますか？

富田　父が生まれ育った「辻屋」の隣りにあった、「紅ばら」という紳士用品店が母の実家なんです。祖父母も親戚もみんな近くに住んでいたので、年の近い従姉妹たちとは、いつも一緒にあそぶ大の仲良しでした。当時は、新仲見世の通りと六区の映画館通りでよくあそんでいました。

私たちが小学生の頃の浅草六区の興行街は、一番落ち込んでいた時期で、ピンク映画の看板が堂々と掲げられていても大丈夫な時代でした。子ども心にも、「人生に疲れた」というような感じのひとたちが集まっていて、その独特な空気とか雰囲気は、いまだに覚えています。でも、それが私たち子どもにとっては、あまりにも当たり前の町の風景だったので、公園であそぶのと同じ感覚で、屈託なく元気に走りまわっていましたね（笑）。

――そうそう、僕たちにとっての浅草は、普通にそういう町でしたよね。もっと上の世代のかただと、こんなに寂しくなってしまってというところがありましたけど、僕らは生まれたときからそういう状況だったので、普通にうらぶれたところであそんでいました。でも、狭い路地で野球をすると四角ではできずに、三角ベースでしたけど（笑）。

富田　七〇年代の浅草は隅田川も汚れていて、臭くて夏は窓を開けていられないほどでしたよね。「花やしき」の裏あたりは華やかさの裏側という雰囲気が漂っていて、戦後がまだ残っているような感じでした。夜が寂しいのはごく最近まで続いていて、若いひとたちが来るようになったここ数年で、変わってきたように思います。でも、子ども時代の寂しい浅草を知っているせいか、浅草がきれいで華やかなばかりで、どこにでもあるような町になるのがよいとも思えないんです。なんだかよくわからない部分もないと、その町の魅力ってなくなってしまう気がします。

――ご両親が、お隣り同士で結婚という話も、浅草ではよく聞きますね。三社祭などの町の行事は、町会単位の半径何メートルという範囲でするので、自然と親しくなるのかもしれませんね（笑）。

富田　父はよく物干し台から母の実家にあそびに行って、夕飯を食べていたりしたそうです。うちは一番遠い親戚といっても上野なので、夏休みに田舎に行くということもなくて、つまらないなと思っていました。

年末年始にかけて、履物屋は大賑わい

――「辻屋」さんも、創業百年を越える古いお店ですが、浅草でご商売を始められたのはいつ頃ですか？

富田　「辻屋本店」は、大正元年（一九一二）、私の曾祖父の辻巳之吉《つじみのきち》が、本所石原町三丁目（現墨田区石原）で、下駄屋を開業したのがはじまりです。大正十二年（一九二三）の関東大震災で、浅草は壊滅に近い状態になってしまいましたが、その後、めざましい復興を遂げて、それまで新仲見世が区役所通り（現在のオレンジ通り）までだったのが、六区まで繋がったので、本所を焼け出された曾祖父は、新仲見世の角地に新しく和装履物店「辻屋」を出したと聞いています。

その後、二代目の祖父が拡大志向のひとで、昭和四十年代当時、最先端のショッピングエリアだった駅ビルに次々と支店を出して、新宿、横浜、川崎、蒲田、市川などに、十数店舗あったようです。もちろん、着物を日常的に着るかたは、だんだん減ってきていましたが、高価な着物を買うかたはいましたし、着物を買うことにまだ価値がある時代だったのだと思います。バブルが弾けるまでは、とくに高級呉服が売れていた時期だったので、うちも支店をたくさん出していけたのでしょうね。

祖父母が中心となってお店をやっていた高度経済成長の頃までは、簞笥にしまっておくよう

な高級な着物を買ったり、普段は履かないような高い草履をみなさん買っていた時代です。日常で下駄を履いていた時代が終わって、靴を履くようになったぶん、生活必需品の下駄ではなくて、高級な草履がどんどん売れていた時代でした。

私がまだ小さかった頃は、浅草の本店は木造三階建てで、一階がお店で、二階の奥には祖父母の住まいがあって、三階は職人さんや従業員のひとが住んでいました。祖母は「おばあちゃん」というより「大奥さん」という感じで、いっさい家事をしないで店を取り仕切っていました。ですから、辻の先祖の地である福井から、必ずお手伝いさんがひとり出て来て、みんなのごはんを作ったりしていました。いっぽう祖父は、いつも背広を着て、ネクタイを締めて、どこかへ出掛けていましたね（笑）。履物組合の会長や町会長を長くやっていたので、会合とかいろいろあって忙しかったのだと思います。

とにかく、年末は大忙しでした。お店は奥行きがあって細長かったのですが、私がまだ幼い頃は、お客さまと従業員で店内がいっぱいになって、身動きがとれないんですね。奥の帳場にいる祖母のところまで、お代のお金を手で渡していくというような混雑ぶりだったと聞いています。

いまもそうですが、年中無休でやっていたので、年が明けて元旦になると、観音さまの初詣のお客さまでまた忙しいんです。子どもたちは「邪魔だから上の階であそんでなさい」と追いやられて、お正月らしくきれいに着物を着た母や伯母たちが先頭になって、親戚総出でお店をやるという賑やかさでした。それでも、少しずつ履物という商売が難しくなっていたのかもしれませんが、私が生まれたときからずっと、忙しくて賑やかなお正月の雰囲気は変わらなかったように思います。

次も買いに来てもらうためには、売りっぱなしではいけない

富田　昭和四十年代から五十年代、「辻屋」は各地の駅ビルに出店し、父も川崎や市川の店に通っていました。その頃は、どこの駅ビルにも呉服屋さんが入っていたと思います。その後だんだん、娘がお嫁に行くときは留袖から喪服まで着物一式持たせるというような時代ではなくなって、バブル崩壊後は、うちの支店も少しずつ閉店していくようになりました。

――僕が、高島屋で修業していた頃は、ワンフロアすべてが呉服売り場でしたが、いまはそんな広いスペースを和装で使ってはいませんよね。そういえば、「浅草　履物の町」といわれなくなってから、だいぶ経つように思います。全盛期の頃、花川戸の通りには、下駄や履物を売る店がたくさん並んでいましたが、それが靴になり、その後はスリッパが並ぶようになってしまいました。これは中国などの人件費の安い外国の工場で生産されるようになったからだと思いますが、和装業界の風向きが変わったのは、どこからですか？

富田　私たちの祖父母や両親の世代が、当たり前に知っていた和装についての習慣が分断され

たのは、おそらく団塊の世代が親になった頃ではないかと思いますね。女の子が生まれたら振袖を着せたいという親の気持ちや、日常でちょっと頑張ってお洒落をしようというときに着物という選択肢があるとか、それまで日本人のなかにあった着物に対する独特な思いがなくなってしまったように感じます。

でも、うれしいことに、その子どもや孫の世代がまた着物を着たいと思っているんですね。どう着たらいいかわからないので、親に聞いてもよく知らない。それでネットで調べることになるんですが、たくさんあるネットの情報がすべて正しいとは限りません。

とくに呉服屋さんにとって履物は、「この着物を買ったかたには、バッグと草履を付けます」というようなおまけのようなもので、履物についての知識がないのがちょっと困ったことだなと思っています。鼻緒は専門の職人がお客さまの足に合わせてすげるものですが、そうではなく売っているので、足が痛くなければいいだろうと大きめの草履を勧めたりするのは、大間違いなんですね。履きやすい履物は専門店に行けばあるんですが、そもそも草履と下駄の専門店に行って買うということを知らないかたもいらっしゃいます。

ですから、私たち専門店は売りっぱなしにするのではなく、着物の着方や草履の履き方などを伝えて行くのも、ひとつの仕事だと思っています。着物と足袋や草履をどうコーディネートするとかっこいいか、どういうところに履いていくのか、下駄や草履を履いたときの歩きかたなどを伝えることで、お客さまには「楽に履くことができた」と喜んでいただけます。そうすることで、次にまた「辻屋」に買いに来ていただけたら嬉しいですね。

――以前、料理店主の勉強会「芽生会《めばえかい》」の東京の会員が集まって、全員がレンタルの揃いの紋付きを着てイベントをしたことがあったんです。着付けは、イベント屋さんが連れてきたひとたちがやってくれたんですが、動いているうちにだんだん着崩れてしまったんですね。そうしたら、芸者衆に付き添ってきた着付けのかたがささっと直してくれて、あとはどんなにハードワークをしても大丈夫だったんです（笑）。やはり、動くことを意識して着付ける専門のかたは違うなと思いました。和装のお仕事というのは、ある意味で日本の文化を継承していくことなので、そういう専門的な知識を伝えていくことも大事ですよね。

「とにかく前へ進むしかありませんでした」

――富田さんは、ご結婚をされてからしばらく浅草を離れていましたが、お店を手伝うようになったのはいつからですか？

富田　主人の仕事の関係で地方都市で暮らしていたので、十年くらい浅草を離れていました。いつも賑やかな浅草のお店に生まれて育ってきたので、プライバシーのある静かな生活をしてみたいと思っていたのですけれど、地方に行ったらもう寂しくて寂しくて。とくにお正月などはあまりに静かなので、頭がおかしくなりそうでした（笑）。

平成十六年（二〇〇四）に新潟から帰って来て、しばらく横浜に住んでいたときに、父から「ホームページとやらを作ったほうがいいと思うんだけど」と相談されて、私が「辻屋」のホームページを立ち上げることになったんです。小さな頃からいつもお店に出入りしていて、妹とお手伝いなども少しはしていたのですが、きちんと売るためには商品について勉強をしなくてはと思うようになりました。いろいろ試行錯誤をしながら内容を充実させて、その後は、ウェブショップも始めることにしました。

翌年には、「和装で歩こう！三社祭」というイベントを企画して、ホームページでも呼び掛けたところ、浅草以外からもたくさん集まってくださったんですね。三社祭の日に着物を着て、西町会の神輿の後を歩くというイベントだったんですが、みなさんとても喜んでくれて評判もよく、初めて手応えを感じることができました。

その後、また主人の仕事の都合で福岡に住むことになって、ホームページをクローズするのはあまりにもったいないと思って、月に一回、浅草に戻って来て、ホームページとウェブショップ、そしてときどきイベントをやるという生活をしていました。あくまで私は主婦をしつつ実家の商売を自分のできる範囲で手伝うという気持ちで、お店を継ごうなんてまったく考えてもいませんでした。

――僕が「富田さん、辻屋さんで頑張っているな」と認識したのは、そのあたりからですね。その頃、和装の業界は上向いて来ていたんですか？

富田　いえ、ぜんぜん駄目でした。呉服の大手問屋さんが倒産して和装業界はさらに厳しくなり、当然、うちのような商売も廃業する老舗が相次ぎました。それに加えて、それぞれ分業になっている鼻緒や草履の台などの作り手のかたたちが高齢化してきて、手作りの履物を作るマーケットがどんどん縮小していくという状況でした。

祖父が亡くなった後、社長になった伯父は、次々に支店を閉めて、私の両親がやっていた新仲見世の支店だけが残りました。その頃から、履物屋をやめて店をひとに貸すというような話も出て来ていました。それで、誰からも「おまえが店を継げ」とはいわれなかったんですが、「私がやります」と宣言して、慌てて福岡から帰ってきたんです（笑）。

そのとき、なぜ「店を継ぐ」といったのかを考えてみると、百年続いた商売をたたむのはもったいないという思いや、物心ついた頃から見てきた祖父母や両親の姿も浮かびました。せっかく応援してくれるお客さまもいらっしゃいましたし、理由はいろいろありますが、私自身が浅草で履物屋をやりたいという気持ちが大きかったからですね。

東日本大震災が起きた平成二十三年（二〇一一）の四月一日にこちらに戻って来たのですが、飛行機内はガラガラで、計画停電で羽田空港も真っ暗でした。福岡でもテレビで大地震の被害については見ていましたが、実際のところがよくわかっていなかったんですね。

――浅草から観光客の姿がいっせいに消えた時期もありましたし、あの年の三社祭は中止になりました。ひとが誰もいない仲見世の通りを見たのは初めてだと、町の先輩がたがいっていたのも覚えています。

富田　ですから、そういうときによく帰って来たと、いまでは思うんですけれど、とにかく前へ進むしかありませんでした。

「日常の贅沢」が、ちょっと頑張れば買える町

――実際には、四代目としてお店を再建するために、どのようなことをしたのでしょうか？

富田　出ていくお金を極力減らそうと、新仲見世の支店をたたんで、本店一軒にしました。お陰さまで、駅ビル時代のお客さまも含めて、浅草まで何代も買いに来てくださるかたがたがいらしたので、その信頼を裏切らずにしっかりやり続けていくことが、まず大切なのだと肝に銘じました。

先代までは、お店を開けていればお客さまは来るものだという感覚で、ただ商品をたくさん並べておくというやりかたをずっとしてきましたが、待っているだけではお客さまはいらっしゃらない。ならば、どうしたら来ていただけるかと、経営の勉強会にいろいろ行ったり、本を読んだりしながら、じっくり考えました。祖父母の代までは、和装の世界のなかで「辻屋」はかなり知られたお店でしたが、その知名度はずいぶん低くなっていました。まずは「辻屋」という知名度を上げるために、イベントをいろいろ企画してお店まで来ていただき、商品の知

識を伝えたり、和装の楽しさを体験していただいて、うちのファンになってくれるかたを増やそうと考えました。

ほかにはない「辻屋」らしさを際立たせようとしたときに、ずっと商売をやってきた「浅草」は大切な特徴のひとつでした。そして、これから「辻屋」の顧客になってくださるかたたちが欲しいものはなにかと考えて、品揃えを改めて考え直しました。

浅草は、ほかの町とはひと味違った「日常の贅沢」が、ちょっと頑張れば手の届く範囲で買えるお値頃感が特徴なのだと思っています。そして、贅沢品ではあるけれど実用的であり、うちに持ってきていただければメンテナンスもできるので、長く愛用していただける履物。「辻屋」は、そういう品揃えのお店になるようにと心掛けています。

職人が持っている鼻緒をすげる技術は、「辻屋」の一番の財産です。その職人が、毎日、店に常駐していて、お客さまの足に合わせて鼻緒をすげるというのがうちの価値ですし、それはなくしてはいけないと思っています。ですから、もうひとり職人を育てたいと考えているのですけれど。

――先ほどの、分断されていた団塊の世代の子どもたちが、また着物に興味を持ってきたというお話は面白かったけれど、そのかたたちは、どういう経路で和装の世界に入ってきたんでしょうか？

富田　リサイクルの着物屋さんが増えてきましたし、ネットでも気軽に買えるので、そこから和装の世界へ入るひとが多いですね。ちょっと語弊があるかもしれませんけれど、着物を着ることは「コスプレ」のひとつだと思うんです。もちろん、日常的に素敵に着物を着ている若いひとも少しずつ増えてきていますが、ちょっと違う自分になって、一日を楽しむというようなところもあります。ですから、あまり気張らずに、着物も装いのひとつとして、みなさんお好きに着ていただければと思いますね。

浅草の町で、老若男女、和装のグループが歩いているのを、よく見掛けるようになったのは、とてもいいことだなと思います。「着物を着て、浅草を歩いてみたい」と思っていただけるのは嬉しいですよね。

「どこにもないオリジナルなものを、浅草で広げる」

——富田さんは、和装に関してさまざまなイベントを企画していますが、現在二十七回を数える「あさくさ和装塾」を始めたのは、いつからですか?

富田　第一回目の「あさくさ和装塾」は、平成二十二年（二〇一〇）です。「着物を買っても、着ていく場所がない」という声を多くのかたたちから聞いたのが、きっかけでした。最初の年は、帯、つげ櫛、鬘、帯締めなど、浅草の町で昔からやっている和装専門店の店主のかたや女将さんにお話を聞く会を企画しました。参加されるかたには着物を着て来ていただいて、お話を聞いたあとは地元の美味しいお店で懇親会。一年に六回のシリーズでやったのですが、当時、あまりそのようなイベントがなかったので新聞でも取り上げていただき、参加申し込みで電話が鳴り止まないという状態でした。そのときは、福岡から浅草まで通っていた時期だったので、大変なこともいろいろあったのですが、「継続は力なり」と思って頑張ってきました。やはり「来てよかった」と、お客さまに喜んでいただけるのが純粋に嬉しいですね。初回からずっと参加して応援してくださるかたや、うちの商品を気に入って必ず買ってくださるかたなど、顧客を増やすことに繋がってきて、いまようやく手応えを感じています。

平成二十六年（二〇一四）の十二月に、それまで九十年間商売をしていた新仲見商店街から伝法院通りへ店を移転したのですが、お客さまが付いて来てくださるか本当に心配でした。でも、「あさくさ和装塾」をきっかけに「辻屋」のお客さまになってくださったかたがたが、「お祝いだから」となにかしら買いに来てくださったのは、涙が出るくらい嬉しかったですね。店の者たちがいつも一生懸命に商売しているのを見ていてくださった、いままでやってきたことは間違いなかったと、そのとき初めて思いました。

あと、いままでの職人が作る「辻屋」の定番商品に加えて、イベントを通して知り合ったさまざまな作家さんと「辻屋」のコラボレーションを少しずつ企画していきたいと思っています。たとえば日本刺繍や友禅染の作家さんとオリジナル鼻緒を作ったり、手仕事の作品を集めて店内で履物と一緒に展示したりと「どこにもないオリジナルなものを、浅草で広げる」という新しい試みを続けていければと思っています。

――いつも思うのですが、富田さんは、ひととひと、ものとものの繋げかたがとてもお上手ですよね。感心します。

浅草らしさとは、なんなのか？

――さきほど、「辻屋」さんらしさを際立たせるときに、浅草は大切な特徴のひとつとおっしゃいました。浅草でずっと商売をしているひとはみんな「浅草らしさ」を追求しているいっぽうで、「なんちゃって」というような新しいお店も目立つようになりました。そのあたりを、どうお考えですか？

富田　古いお店とか新しいお店とかに限らず、「いまの浅草の賑わいは先人のかたたちの努力があってこそ」という気持ちをもって、商売をしていかなければと思っています。ちょっとえらそうに聞こえるかもしれませんが、自分の店だけが儲かればいいというやりかたでは、いずれ浅草の町自体が駄目になってしまうのではないでしょうか。

「辻屋」も私自身も、ようやくスタートラインに立ったところですし、辛い時代を繋いでくれた伯父と父にも感謝しています。そして、浅草で好きな商売ができる恵まれた立場にいることを自覚して「辻屋」をしっかり立て直し、後継の職人を育てて、和装の業界をもっと盛り上げながら、町のためにもなれるようにこつこつ進んでいきたいと思っています。

やはり「浅草らしさとはなにか」を定義するのは、とても難しいことです。ひとによって、浅草らしさを求める幅がとても広いと思いますし。たとえば仲見世の通りを歩いていると、観光客のかたが喜びそうなキッチュなものが店先に並んでいて、それを浅草らしいと思うかたもいます。でも、同じ店の奥に入っていくと、専門店ならではの本物の商品もきちんと揃っていて、それを目指して買いに来たかたたちにも満足していただけます。ですから、浅草のよさとは、気取らず、かしこまらず、職業も年齢も国籍も関係なく、来る者拒まずの懐の深さと多様性のあるところではないかと思います。

——うーん、「一流」と「なんちゃって」を行ったり来たりできる自由さやおおらかさが、これからの浅草にとって大切なのかもしれませんね。しかし、毎日、大変お忙しくしていて、息抜きをされることはありますか？

富田　店を継いでまだ四年くらいですし、まだまだこれからが大変だと思います。正直、ゆっくり眠れたことはありません（笑）。でも、ストレスを解消したいと思ったときは、寄席に行くんです。独演会などの落語会は師匠たちの噺をつい身を入れて聞いてしまいますが、肩の力を抜いて、半日くらい寄席でぼけーっとしていると、本当に寛ぎますね。休みの日には、都内にいくつかある寄席へ聴きに行ったりもしますし、仕事帰りに「浅草演芸ホール」に寄って、トリだけ聴くこともあります。

浅草は、もともと大衆芸能の町でもあるので、あまり気取ったことが似合わない町だと思うんです。六区の「浅草木馬館大衆劇場」で大衆演劇を観るのも楽しいですよ。小屋のなかに入ると、舞台と客席の距離感がないし、レトロな昭和の雰囲気に驚かれると思います。

木馬館の一階には、浪曲の常打ち小屋「木馬亭」もあります。私は七年くらい前に、ここで女性浪曲師の玉川奈々福さんの浪曲に出会って、すっかりファンになってしまいました。「木馬亭」の定席には、講談も入ります。浪曲や講談というと、私たちの世代にはあまり馴染みがありませんが、最近は若手の浪曲師、講談師も少しずつ増えてきていますし、観客も年齢層が広がっています。「あさくさ和装塾」では、平成二十六年（二〇一四）に「That's 和ンターテイメント！」というシリーズを企画して、浪曲、講談、津軽三味線やボードビルなど、浅草に似合う大衆芸能の演者に毎回出演してもらい、大好評でした。そのときに、初めて浪曲や講談に触れて興味をもったというお客さまもいらっしゃいます。今後も、和装の文化と浅草ならではの古典芸能がうまく繋がって、楽しみかたがいろいろある町になっていくといいなと思っています。

対談を終えて

和装業界全般が厳しくなった時代に、「とにかく前へ進むしかない」とお店を継いで四代目となられた富田さんは、近年の和物趣味復活の傾向を捉えて、趣味として身につける履物にしぼりこんだマーケティングをし、ネットも巧みに使った展開を始めました。これまでの着物の着方と違って、「ちょっと違う自分になって一日を楽しむ」ために身に付けるひとが増えたことで、店と客のコミュニケーションの仕方も大きく変わったのだと思います。

宣伝の仕方はマスコミからミニコミへと変わりました。富田さんは「あさくさ和装塾」などイベントを仕掛けるのがお得意ですが、そういうチラシは知人のカフェに置いてもらうそうです。もちろん感度の高い客ばかりが集まるカフェです。なんたるミニコミぶりなのか！　私は、チラシは新聞社に頼んで数万部はバラまくものだと思っていましたから、私のなかに未だあるマス志向に気づかされて大反省でした。

富田さんはそのようにアナログで繋がったひととネットでも繋がります。やがてフェイスブックなどのSNSでネットワークが形成され、和装の同志のようなお客さまが次第に増えることで、事態が好転し始めたようです。

しかし、企画力やネット活用力だけではなく、技術をもった職人さんを店に置くことが大変重要であり、さらに突き詰めて、売る人間の信条に辿り着かれました。「経済合理性を追うより、この儲からない道を行く」という信条です。そういうひとがやっている専門店なので、趣味のお客さまは買ってくださるのだと思います。

今回、浅草の戦後七十年を見てきた先輩がたにお話を伺い、それぞれに有益な時間となりました。最後に、同世代の店主と浅草の将来の話をしたいと思ったときに、私が思い出したのは富田さんでした。直系の生まれではなく、いったん嫁に出たのに、浅草へ戻って来てこの道を行くと決めた富田さんは、確かな将来の展望をおもちだと私は感じました。（住吉）

老舗の流儀

一 鼻緒は、お客さまの足に合わせて専門の職人がすげる。

一 履物専門店として、浅草らしい和装文化を発信し続ける。

浅草はなぜ日本一の繁華街なのか

あとがきにかえて

●焼け野原になっても、ソフトウエアをもっていれば商いは再建できる

昭和二年（一九二七）の『東京日日新聞』の連載をまとめた『大東京繁昌記』という本があります。芥川龍之介が本所両国を、泉鏡花が深川をという具合に、当時随一の文士が東京を歩いて町案内をし、鏑木清方、木村荘八といった有名画家が挿画を描いている豪華な本です。大正十二年（一九二三）九月一日に起きた関東大震災から四年後の、帝都・東京が復興し、変わりゆく頃でした。また、その前年には大正天皇が亡くなり、世相も変わりつつありました。そんな時代を切り取ったのが、この本です。

なかでも、私が注目して読んだのは、久保田万太郎が書いている「雷門以北」の章です。浅草の店の固有名詞が十四軒ほど列挙されていて、そのなかには現在「老舗」といわれている店も入っていますが、「それらはただ手がるに、安く、手っとり早く、そうして器用に見恰好よく、一人でもよけいに客を引く……出来るだけ短い時間に出来るだけ多くの客をむかえようとする

店々である。それ以外の何ものも希望しない店々である。無駄と、手数と、落ちつきと、親しさと、信仰とをもたない店々である」と、猛烈に批判しています。

浅草生まれの万太郎は震災後もわずかに残った「古い浅草」を懐かしみ、「新しい浅草」には手厳しいコメントを書いています。思えば、老舗も最初から老舗だったわけではなく、いかなる努力をされて現在のようなお店になったのでしょうか。大変、興味深いことです。

だいたい、「ちんや」も狆《ちん》の商いが儲からなくなったので料理屋に鞍替えしたのでした。江戸時代の「ちんや」は「浅草筋」と称された狆の優秀な血統をもったブリーダーであり、獣医も兼ねていました。現代でも事情は同じようですが、有力なブリーダーのもとには、その犬種を熱烈に愛する飼い主が、拝み倒すがごとく買いにやって来て、たいそう高値で売ることができたようです。ところが明治維新で犬の趣味が変ってしまいました。女性やお子さんには恐縮ですが、狆は「女・子どもが飼う犬」の典型で、泰平の世には合いますが、富国強兵の世に入った途端に売れなくなってしまったのです。

そこで、料理屋です。最初は「なんちゃって」な料理屋、つまり食べものの本質などには、てんで興味がない店、万太郎が猛批判したような店だったろうと思います。その証拠に「ちんや」には、家訓がありません。志を高く掲げて創業したのなら、それが伝承されないはずはないのですが、ありません。おそらく浅草広小路という立地を活かすには、観音さまや興行街に集まってくる客が必要とするもの、すなわち食べものを提供しておけば良かろう程度の発想で、食べものについて深く探求する間もなく食の商いに入って行ったのだと思います。しかし、この商いは六代に渡り、百三十五年間続いています。その理由が、気になるところです。

今回、私が先輩がたに昭和の浅草についてお聞きしようと思ったのは、そのためです。関東大震災と東京大空襲によって、二十世紀前半のごく短期間に、焼け野原を二度も体験した浅草の復興について、実際に見たり聞いたりした具体的なお話。そして、それぞれのお店で語り継がれてきたことを、ご自分の代で暖簾を繋げるときに、どのように活かされたのかをお聞きしたいと思いました。

お話を聞くなかで、やはり、東京大空襲の際に浅草寺と浅草神社の神輿が焼けてしまったのは、現代の浅草に多大な影響を与えていると思いました。浅草のひとたちにとって、町の中心であり、心の拠り所を失った喪失感は大きなものでした。しかし、観音さまご本尊はなんとか焼失を免れたので、観音さまを中心にお寺を再建することができました。信仰があったのでお寺が再建できたわけですが、商店も同じことです。店舗は焼けてしまっても、逃げ延びたひとたちが、店の信用や技術つまりソフトウエアをもっていれば商いは再建できたのです。

心の拠り所が徹底的に破壊され、かつ自分の店も跡形もなくなったとき、浅草の店主たちは諦めませんでした。いや、「再建をやり遂げねば、悔しくて仕方がない」というのが当時の浅草でした。建物がなくなっても、自分たちには腕がある、お客さまもいる。自分たちの力できっと伝統を復活させてみせる。そうかたく心に誓ったのだと思います。

最近のいわゆる「老舗論」には、「店の本当の資産とは、土地でも建物でもない。本当の資産は目に見えないもので、財務諸表にも載っていない」などと書かれていますが、浅草の場合はその感覚がずっと深刻でした。「大多福」舩大工さんのお父さまの「牛のヨダレ」の決意が、その典型だと思います。「本当の資産は、自分の腕とお客さまだ。そう信じて、焼け野原からの復興をみんなで成し遂げた経験が、現代浅草の原点である」と、今回、先輩がたのお話を聞いて、私は痛切に再認識したのでした。

本当の資産はソフトウエアだという発想は、「木の発想」といい換えることができるかもしれません。「リアルな資産は、どれだけ堅牢に建てても燃えてしまうことがある。だから、常日頃からそういう場合に備えておかねばならない」という発想です。

「駒形どぜう」の渡辺さん、「宮本卯之助商店」の宮本さんからは、戦争中、木材を別の場所や蔵に備蓄して戦災に備えていたというお話を聞きました。喧嘩と並んで火事が「華」だった江戸の発想であり、江戸の知恵だと思います。江戸時代、江戸の人口は世界一で、人びとが密集して木の家に住んでいたので、こういう知恵が発達したのですが、それが昭和の戦争でも活きたというのは驚きでした。「ちんや」の前の雷門通りが広いのは、元々「火除け地」だったからです。火事の延焼を防ぐために道路を広くしたもので、以前は「浅草広小路」といっていました。この名前を忘れたくないものです。

その後も浅草は、一九七〇年代に六区興行界の暗黒時代を経験します。また和装業界、花柳界といった個別の業界でも浮き沈みがありました。神輿のように高度成長した後に危機がやって来た業界もありましたし、「駒形どぜう」さんはドジョウ資源の枯渇に悩まされました。しかし、今回お話をうかがった皆さんは、元の位置に留まり続けました。

ビジネス書のハウツーに従えば、七〇年代に浅草に居続けるという経営判断は非経済合理的だったといえます。儲けるためには、この町を捨てて他所へ打って出るべきでした。業界自体が斜陽だった場合は業態を変更したほうがよかったのだろうと思います。しかし、その案は、結局、どなたも採用されていません。

皆さんがそういう人生を選んだ理由は、やはり戦争の記憶だと私は思います。人間の、へなちょこな合理性など吹っ飛ばしてしまう経験を経て、皆さんは自分の人生の目的として儲け以外のもの、非経済的なものを考えるようになったのだろうと私は想像しています。

●浅草の「ホップ、ステップ、ジャンプ」

現代浅草を形成したのは、関東大震災と昭和の戦争だと言明すると、浅草の先輩がたに叱られてしまいそうなので、それ以前の浅草のことも考えてみたいと思います。

遡りますと、元来、別々に成立していた江戸と浅草がくっ付いたのは十七世紀であり、くっ付けたのは蔵でした。蔵といっても「酒蔵」ではなく「米蔵」です。江戸時代、武士の給料は米で支払われていました。幕府は、その米を保管するための蔵をたくさん建設したのです。当時の輸送手段は舟でしたから、隅田川沿いに蔵を建設しました。場所は浅草から地下鉄浅草線で一駅南の蔵前。つまり江戸と浅草の間であり、ここにはまだ町ができていなかったので、最適の場所でした。

ここに蔵ができたことが、浅草の運命を大きく変えます。ごく普通の門前町が天下一の盛り場へと変貌を遂げる、そのスタートがこの頃です。変貌の主役は「札差《ふださし》」という商人たちでした。武士のために米を保管するだけでなく、現金にも替えてくれる札差については歴史の教科書で習ったかたも多いと思います。この取引からは莫大な儲けが出たらしく、その儲けを金貸しにまわして、さらに儲けたようです。このように札差が大きな経済力をもつようになったことで、浅草が発展していくための軍資金「札差マネー」ができました。大富豪となった札差たちには、当然豪遊する場所が必要となり、遊興できる店が誕生しました。これが浅草の「ホップ」です。

そして「ステップ」は明暦三年（一六五七）の「振袖火事」です。大変な被害の出たこの火事の後に、幕府は都市整備に着手し、その一環として、現在の中央区にあった公認の遊郭・吉原遊郭を浅草北方の千束に移転させます。遊郭は「風紀を乱す」ということで、江戸の中心部から排除したのです。こうして浅草の近くに移転した「新吉原」は、まさに天下の豪遊の場となります。お金持ちがいて、お金を使う場がようやくできたのですから、観音さまのある浅草に、お金が落ちないわけはありません。この「ステップ」は大きかったようです。

そして「ジャンプ」は、江戸時代も後期に入った天保十二年（一八四一）の「天保の改革」

が実行されたことです。江戸市中にあった歌舞伎の座が「風紀を乱す」ということで、これまた北東に追いやられます。場所は浅草北部の浅草六丁目で、浅草寺と吉原の間。中村座、市村座、河原崎座といった歌舞伎小屋や、操り人形の結城座なども移転しました。役者たちの住む町は、浅草猿若町と名づけられました。これが浅草の発展の「ジャンプ」です。

当時の江戸市中でお金が集まる所といえば、日本橋の魚河岸と新吉原と猿若町で、このうちふたつは浅草の近所です。浅草が天下第一の盛り場になったのは、この頃といえましょう。

しかし、江戸時代より明治、大正、昭和と続いた天下一の繁華街・浅草の繁栄を支えた梯子は、残念ながら一九六〇年代までに次々に外されてしまいます。

まず明治維新によって税金は米納から金納にかわり、蔵前は経済の中心ではなくなりました。そして明治二十二年（一八八九）に京橋区木挽町に歌舞伎座が建設されると、浅草猿若町の賑わいは失われてしまいます。公園六区にできた興行街がそれに取って代わりますが、その興行街も一九六〇年代にテレビに負けました。そして新吉原は、昭和三十二年（一九五七）に売春防止法が適用されたことにより、灯が消えたようになっていきます。かくして、浅草の栄光を支えていた三本の梯子は外されたのです。

これ以降、浅草の低迷期は長く続きますが、この間の浅草を支えたのは、なんといっても浅草寺の観光スポットとしての魅力が第一。そして浅草西方にある寺町が第二でした。

これも「振袖火事」（明暦の大火）の影響によるものですが、焼け出された江戸市中の多くの寺院が、浅草から上野にかけての一帯に移転し、寺町が形成されました。地下鉄銀座線田原町駅から稲荷町駅にかけて、いまも仏壇屋が集中し、「仏壇通り」と呼ばれているのはその名残りです。この寺町のお寺に墓地を持っているひとはいまでも多く、お彼岸やお盆、お正月などに墓参に見えると、その帰りには浅草寺近辺の料理屋へ美味しいものを食べに寄られます。この寺町がもたらす経済効果については、あまり指摘されていませんが、浅草が苦しかった時代に大変頼りになったことは事実だと思います。死者が浅草を支えてくれたともいえ、ありがたいことです。

●食べもの商売は「老舗化」しやすい稼業

もうひとつの浅草の特徴を挙げるために、いますこし十七世紀の話をしましょう。その特徴とは、浅草は食べ物商売が中心となって繁盛した町だということです。貞享二年（一六八五）に仲見世の前身である商店が設けられました。浅草寺が近隣住民に境内の清掃を役務として課す見返りに、参道での営業を許可したという記録があるそうですが、その商売が水茶屋。参詣人に茶や団子を売る商いでした。それが、浅草の「そもそも」です。

江戸前鮨「美家古寿司」の内田さんとの対談の際に強く感じたのですが、食べものというのは、人間の生理にダイレクトに繋がっていて、太古以来の悠久の歴史をもっています。その歴史に思いを馳せながら仕事をしていくと、まず最初にその店は一流の店となり、その思いが二代目、そして三代目へと伝わって行き、さらにはお客さまへも伝わることで、その店は老舗となるのだと思います。そういうことが起こりやすいのが、食べもの商売なのです。船大工さんのおでんが売れ続けたのは、煮物という仕事に真っ直ぐだったからであり、熊澤さんの洋食が六区のどん底の時代にもお客さまを引きつけたのは、懐かしい味を作り続けたからです。被災したり、ピンチを経験したときに、その場凌ぎをせず、逆にピンチを契機に料理の本質に向かって行った店が、結果として老舗となっていることを、是非この本でお伝えしたいと思います。

かなり手前味噌になりますが、「ちんや」は昨年『読み継ぎたい すき焼き思い出ストーリーの本』を自費出版しました。創業百三十五年を記念して刊行し、お客さまから投稿していただいた七〇本ほどのストーリーを掲載しています。そのなかから「親子五代」という、六十三歳の女性からの投稿の一部をご紹介します。

「ちんやさん、創業百三十五周年おめでとうございます。この記念すべき年の某月某日、私たち家族は、ちんやさんに集合しました。娘が発案し、私たちを招待してくれたのです。まず次男の誕生日祝、主人のための『父の日』感謝祝、娘の誕生日前夜祭、私の誕生日祝、そして私たち夫婦の結婚三十一周年祝。なんとと一石五鳥?!

これを遡る三十一年前、私達の結納の儀を執り行わせて戴きました。昨日のことのように思い出されます。お陰様で三人の子供達に恵まれ、皆まじめな社会人に育ってくれました。有難いことです。

さらに遡る事今から七十数年前、母達四姉妹は、当時のグルメであった?らしい祖母と曾祖母に連れられて、ちんやさんに時折おじゃましていたそうです。百三十五周年の歴史の中のほんのひとコマ。親子五代にわたっての、ちんやさんとわが家の、ささやかで不思議なご縁の思い出エピソードです」

この投稿以外にも、家族ですき焼きを食べに通った思い出が多く寄せられました。この本を読んだ、私の同級生であり琵琶奏者の友吉鶴心さんが次のようにいってくれました。「世の中には『何代も続いているお店』というのはたくさんありますが、お客さまのほうが『家族で何代も通っているお店』こそが、『老舗』なのかと、実感しました」

私は、このようなお客さまを、これまで大切にしてきた先祖に感謝しないといけません。時間を経て味覚は、そのご家族の絆となります。その味覚をお客さまが、お彼岸やお盆などの機会を通じて代々継承してくださるわけですから、食べもの商売は「老舗化」しやすい稼業だといえましょう。そもそも「浅草は、食べもの商売が中心の町であり、加えて近隣に寺町があるので老舗が多い」と、いわせていただきたいと思います。

私の先祖も、明治の初め頃、狆の商いを畳んで「なんちゃって」な料理屋を始めました。当初は生業として続けて行くこと自体が目的でしたが、正月やお彼岸、お盆に通って来てくださるお客さまの様子を見ていて、考えが変わったのだろうと思います。お祖父ちゃんに手を引かれてくる可愛いお孫さんの顔を見て、「この子になんとか美味しいものを食べさせてやらねば！」と思ったことでしょう。とくに浅草が寂しい時代、墓参のお客さまは必ず来てくださる重要固定客ですから力を入れざるを得ませんでした。可愛い子の笑顔に促されて料理を探求し始めたことで、「老舗化」していったというのが、浅草の面白いところではないでしょうか。

いまは老舗の主ぶったことをいっている私も、若い頃は「どの媒体に広告を出したら一番コスパがよいか」とか「刷りものやサイトのイメージカラーを統一せねば」とか、表面的なことばかりを考えていました。そういう私にショックを与えたのは、まず平成十三年（二〇〇一）のBSE問題、それからリーマンショック、平成二十二年（二〇一〇）の口蹄疫問題、そして東日本大震災でした。この原稿を書いている平成二十八年（二〇一六）現在も口蹄疫と大震災の後遺症で、牛の相場が高騰して下がりません。どうやら経営者としての私はアンラッキーな時代を担当する役まわりらしいのですが、こうした経営上のピンチに鍛えられたのも事実です。そして先人はどうやってピンチを凌いできたのか、戦争中はどうしていたのだろうかと考えるようになったのも、私自身がピンチを経験したからこそでした。その体験がなければ、今回の先輩がたとの対話も成立しなかったと思います。

今回、ご登場していただいた九人のかたがたのお人柄は、一様ではありませんでした。あるかたは真面目。あるかたは洒脱。あるかたは豪放。しかし共通点として、どこか爽やかさが感じられました。それも表面上のものではなく、心のなかに爽やかな空気がある、そういう印象を受けました。私に爽やかさを感じさせたのは、なんだったのでしょうか。

それは信念であり、筋の通った姿勢です。いろいろな目標を追いかけず、右顧左眄しない様子といってもよいかもしれません。総じて、浅草の町とご自分の職業に身を捧げる人生を選び、余計なことをあまり考えないひとたちには、お人柄は違っても共通して爽やかさがありました。そして、嬉しいことに、後継者のかたがたにもその雰囲気がうつっています。

今回の対談で図らずも、その爽やかさが醸し出されてきた七十年を辿ることになりました。私は、この見聞を証拠として、戦中戦後の厳しい体験が浅草の店主たちの信念を育て、それが老舗店の屋台骨となったのだと断定したいと思います。

浅草の戦中世代である老舗店の会長世代のかたがたとこんなに深く語り合えたことは、本当にありがたく、一生の宝だと思います。九人の皆さま、本当にありがとうございました。

また、この機会を与えてくださいました晶文社の足立恵美さん、フリーライターの藤井恵子さんに心より感謝いたします。カメラマンの山口規子さん、スタイリングをしてくれた竹岡眞美さんにも御礼申し上げます。

そして最後になってしまいましたが、私がこの本の準備に関わっている間店を守ってくれた、スタッフと妻のり子に感謝を捧げたいと思います。本当にありがとう。

平成二十八年一月吉日

「ちんや」六代目　住吉史彦

浅草地図

待乳山聖天
言問橋
隅田川

東向島
二丁目
交差点
水戸街道
Bee
東武
伊勢崎線
曳舟駅
東向島
一丁目
交差点
秋葉神社
東向島

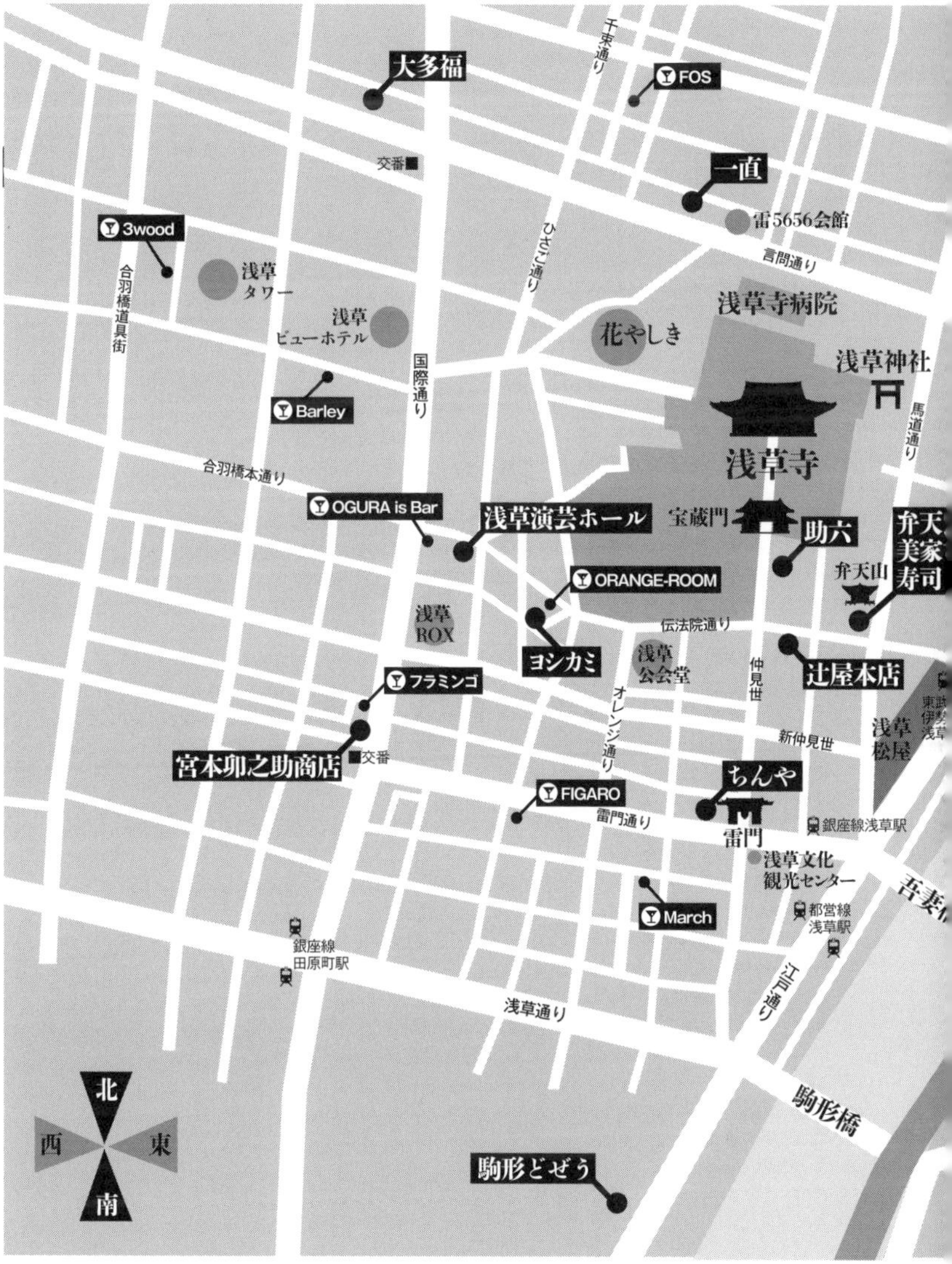

大多福
FOS
千束通り
交番
一直
雷5656会館
3wood
合羽橋道具街
浅草
タワー
浅草
ビューホテル
ひさご通り
言問通り
浅草寺病院
花やしき
浅草神社
国際通り
Barley
馬道通り
浅草寺
合羽橋本通り
OGURA is Bar
浅草演芸ホール
宝蔵門
助六
弁天
美家
寿司
弁天山
ORANGE-ROOM
浅草
ROX
伝法院通り
ヨシカミ
浅草
公会堂
辻屋本店
仲見世
フラミンゴ
オレンジ通り
宮本卯之助商店
交番
新仲見世
浅草
松屋
ちんや
FIGARO
雷門通り
雷門
銀座線浅草駅
浅草文化
観光センター
March
都営線
浅草駅
銀座線
田原町駅
江戸通り
浅草通り
駒形橋
駒形どぜう
北
西
東
南

登場した旦那の店 ◉掲載順

江戸趣味小玩具「助六」
台東区浅草2-3-1
TEL:03-3844-0577
営業時間:10:00〜18:00
定休日:年中無休

江戸前鮨「弁天山美家古寿司」
台東区浅草2-1-16
TEL:03-3844-0034
http://bentenyama-miyakosushi.com/
営業時間:昼11:30〜14:30、夜 17:00〜21:00
定休日:月曜・第3日曜

神輿・太鼓・祭礼具・神具「宮本卯之助商店」
台東区西浅草2-1-1
TEL:03-3844-2141
http://www.miyamoto-unosuke.co.jp
営業時間:9:00〜18:00
定休日:年中無休

どぜう「駒形どぜう」
台東区駒形1-7-12
TEL:03-3842-4001
http://www.dozeu.com/
営業時間:11:00〜21:00(L.O)
定休日:年中無休(但し大晦日と元日を除く)

割烹家「一直」
台東区浅草3-8-6
TEL:03-3874-3033
http://ichinao.com/
営業時間:昼11:30〜13:30、夜17:00〜23:00
定休日:日曜・祝日

おでん「大多福」
台東区千束1-6-2
TEL:03-3871-2521
http://www.otafuku.ne.jp/
営業時間:平日17:00〜23:00/
日曜・祝日17:00〜22:00(以上3〜10月)
平日17:00〜23:00/日曜・祝日12:00〜14:00、
16:00〜22:00(以上11〜2月)
定休日:月曜(3〜10月)、
無休(11〜2月、但し年末年始を除く)

落語定席「浅草演芸ホール」
台東区浅草1-43-12
TEL:03-3841-6545
http://www.asakusaengei.com/
営業時間11:00〜21:00
定休日:年中無休

洋食「ヨシカミ」
台東区浅草1-41-4
TEL:03-3841-1802
http://www.yoshikami.co.jp/
営業時間:11:45〜22:30(L.022:00)
定休日:木曜

和装履物「辻屋本店」
台東区浅草1-36-8
TEL:03-3844-1321
http://www.getaya.jp/
営業時間:10:00〜19:00
定休日:年中無休

すき焼き「ちんや」
台東区浅草1-3-4
TEL:03-3841-0010
http://www.chinya.co.jp/
営業時間:平日 昼12:00〜15:30、
夜16:30〜21:30/土曜11:30〜21:30/
日曜・祝日11:30〜21:00
定休日:火曜・元日

【店舗情報】

オーセンティック・バー ◉掲載順

Barley バーリィ浅草
台東区西浅草3-15-11
TEL:03-3847-1066
http://www.mugitoro.co.jp/barley/
営業時間:18:00〜翌1:00
定休日:月曜

ORANGE-ROOM オレンジルーム
台東区浅草1-41-8 清水ビル1F
TEL:03-3842-5188
営業時間:17:00〜翌2:00
定休日:火曜

3wood スリーウッド
台東区西浅草3-23-14
TEL:03-6231-6055
http://3wood.iku4.com
営業時間:15:00〜翌1:00
定休日:月曜、第3日曜

Bee ビー
墨田区東向島2-20-6
TEL:03-3610-5508
営業時間:19:00〜翌3:00
定休日:日曜

フラミンゴ
台東区西浅草2-1-11
TEL:03-3843-8853
営業時間:18:00〜翌1:00
定休日:年中無休

OGURA is Bar オグラ・イズ・バー
台東区浅草1-43-7 TIビル7F
TEL:03-3845-6776
営業時間:平日18:00〜翌1:00/
日曜・祝日18:00〜24:00
定休日: 第 1日曜・月曜、第3日曜・月曜

FIGARO フィガロ
台東区雷門1-14-7 朝日雷門マンション1F
TEL:03-3843-5970
営業時間:19:00〜翌2:00
定休日:日曜

FOS フォス
台東区浅草3-37-3
TEL:03-3872-8804
営業時間:19:00〜翌2:30
定休日:火曜

Bar March バーマーチ
台東区雷門2-14-8
TEL:03-5827-1525
営業時間:19:00〜翌2:00
定休日:日曜

聞き手 住吉史彦
すみよし・ふみひこ
1965年浅草に生まれ育つ。
1988年慶應義塾大学卒業後、デパートに勤務。
2001年すき焼き「ちんや」六代目となり、現在に至る。
すき焼き文化を広めるために、
日本初のすき焼き屋の団体「すきや連」の
結成に参画し事務局長を務める。
著書に『日本のごちそう すき焼き』(平凡社、共著)

浅草《あさくさ》はなぜ日本一《にほんいち》の繁華街《はんかがい》なのか

2016年3月1日　初版

著者　住吉史彦
発行者　株式会社晶文社
東京都千代田区神田神保町1-11
電話　03-3518-4940(代表)・4942(編集)
URL http://www.shobunsha.co.jp

印刷・製本　中央精版印刷株式会社

ISBN978-4-7949-6920-0 Printed in Japan